www.ingramcontent.com/pod-product-compliance
Lightning Source LLC
LaVergne TN
LVHW051122051026
849532LV00004BB/1642
9789358727760

مصحف اقبال توصیفی: فن و شخصیت

مرتبہ:

اداره شعر و حکمت

Mushaf Iqbal Tausifi : Fun o Shakhsiat
Edited by: Idara Sher-o-Hikmat
Edition: November '2023
Publisher :
Taemeer Publications LLC (Michigan, USA / Hyderabad, India)

ISBN 978-93-5872-776-0

9 789358 727760

کتاب	:	**مصحف اقبال توصیفی: فن و شخصیت**
مرتبہ	:	**ادارہ شعر و حکمت**
پروف ریڈنگ / تدوین	:	اعجاز عبید
کمپوزنگ	:	مخدوم محی الدین
صنف	:	تبصرہ و تجزیہ
ناشر	:	تعمیر پبلی کیشنز (حیدرآباد، انڈیا)
سالِ اشاعت	:	۲۰۲۳ء
صفحات	:	۱۰۰
سرورق ڈیزائن	:	تعمیر ویب ڈیزائن

فہرست

سوانحی کوائف

نام: مصحف اقبال توصیفی (عبد المغنی)

پیدائش: ۸ / دسمبر ۱۹۳۹ء

جائے ولادت: بدایوں (یو۔ پی)، والد کی ملازمت حیدرآباد میں تھی اس لیے بچپن ہی میں حیدرآباد آ گئے، یہیں کے ہو رہے اور یہی وطن ٹھہرا۔

تعلیم: ایم۔ ایس سی (جیالوجی) ۱۹۶۱ء جامعہ عثمانیہ

ملازمت: جیالوجیکل سروے آف انڈیا کے محکمے سے وابستہ ہوئے جہاں سے ۲۰۰۰ء میں بحیثیت ڈائرکٹر ریٹائر ہوئے۔

۲۰۱۳ء میں ان کو حکومت ہند کے غالب ایوارڈ سے سرفراز کیا گیا۔

مصحف اقبال توصیفی کی پہلی نظم سہ ماہی "قند" میں ۱۹۵۹ء میں چھپی، یہ رسالہ مردان سے تاج سعید کی ادارت میں شائع ہوتا تھا۔ اس کے بعد ان کی نظمیں، غزلیں ہندو پاک کے سبھی ادبی رسائل میں پابندی سے شائع ہوتی رہیں۔ اس کے علاوہ جدید شاعری کے جو بھی اہم انتخاب آئے ان میں مصحف اقبال توصیفی کا کلام شامل رہا۔

تا حال ان کی ذیل کی کتابیں منظر عام پر آ چکی ہیں:

"فائزا" (۱۹۷۷ء)، "گماں کا صحرا" (۱۹۹۴ء)، "دور کنارہ" (۲۰۰۴ء)، ستارہ یا آسمان (۲۰۱۲ء)، اور نثر کی کتاب: "کچھ نثر میں بھی۔۔" (۲۰۱۴ء)

(۱) مصحف اقبال توصیفی کی شاعری

شمیم حنفی

مصحف اقبال توصیفی کے پہلے مجموعۂ کلام "فائزہ" کی اشاعت ۱۹۷۷ء میں ہوئی تھی، یعنی اب (۲۰۰۶) ءسے کوئی اٹھائیس برس پہلے۔ دوسرا مجموعہ، 'گماں کا صحرا' ۱۹۹۴ء میں شائع ہوا۔ ان کی عمر اس وقت تقریباً سڑسٹھ برس کی ہے (پیدائش: ۱۹۳۹ء)۔ اس حساب سے ان کا شمار سینئر شاعروں میں کیا جانا چاہیے۔ لیکن نئی شاعری کے قارئین کی اکثریت انہیں اگر جانتی بھی ہے تو، بساط ہوائے دل' کے ایک نووارد کی حیثیت سے۔ شناسائی کے اس انداز میں مصحف کے ساتھ صریحاً زیادتی چھپی ہوئی ہے۔ لیکن در حقیقت اسی سے ان کی انفرادیت اور کمال ہنر کا پہلو بھی نکلتا ہے۔ اپنے دور اور کم و بیش اپنی عمر کے زیادہ تر شاعروں کے برعکس، مصحف کی تخلیقیت کا چراغ آج بھی پوری طرح روشن ہے۔ ان کے احساسات پر واماندگی اور تھکن کا سایہ ذرا بھی نہیں پڑا۔ ان کا شعور اپنے آپ کو دوہراتا نہیں۔ مرجھائی ہوئی، پھیکی اور بے روح زبان ابھی تک ان کے شعر کی زبان نہیں بنی ہے اور وہ آج بھی ایک زندہ آہنگ اور جاگتے ہوئے اسلوب میں اپنا شعر کہہ رہے ہیں۔

مصحف اقبال توصیفی اس تخلیقی روایت اور رویے کے شاعر ہیں جس کا سلسلہ قاضی تخلیقیت کے سب سے سرگرم ترجمان میراجی تک جاتا ہے۔ میراجی صرف ایک شخص نہ تھے، یہ نام تھا سوچنے اور جانچنے کے ایک ایسے اسلوب کا جو اپنے من میں ڈوبے ہوئے، اپنی تنہائی میں مگن اور اپنی مرضی کے مطابق زندگی گزارنے والوں کے وجود کی گواہی

دیتا ہے۔ ہماری کاروباری دنیا کے لیے یہ ایک مشکل، صبر آزما اور نا مقبول اسلوب تھا۔ ہونا بھی یہی چاہیے تھا۔ بیسویں صدی غالباً تخلیقیت کی تاریخ کی پہلی صدی ہے جب شعر و ادب اور آرٹ نے ایک دنیوی کاروبار، ایک پیشے کی حیثیت اختیار کر لی ہے۔ ہر شئے فروختنی ہے۔ شاعری بھی۔ چناں چہ انفرادی تجربے اور ذاتی اظہار کے شور شرابے میں بھی، عام طور پر ہو تو یہی رہا ہے کہ مصوری، موسیقی، رقص، سنیما، تھیٹر کی طرح شاعری نے بھی ایک عام پیشے اور کاروبار کے رنگ اپنا لیے ہیں۔ شعر کہنے والے بھی، اپنی کتاب چھپنے سے پہلے ہی اس کی نکاسی، اس کے مول بھاؤ، اس کے واسطے سے نام اور شہرت اور اعزاز و اکرام کی حصول یابی کے پیر میں جا پڑتے ہیں۔ جدید مارکیٹنگ کے تقاضوں کے مطابق جلسے جلوس، کتاب کے اجرا، جدید ذرائع ابلاغ کی مدد سے اس کے اشتہار و اعلان کی سرگرمی شروع ہو جاتی ہے۔ میراجی اور ان کی روایت کے سچے پیروکار اس دنیا کو اپنے لیے اجنبی سمجھتے تھے۔ وہ کسی اور دنیا کے باسی تھے۔ گرد و پیش کے طوفان بے تمیزی سے ان کی اپنی تخلیقیت کبھی متاثر نہ ہوتی تھی۔ وہ اپنی حسیت کے انہماک اور اپنی تخلیقی تنہائی سے محبت کرنے والے لوگ تھے۔ انھیں اپنے منصب کی حرمت کا لحاظ تھا اور اپنے شعر کو وہ آپ اپنا انعام جانتے تھے۔ مصحف کی شاعری نے اسی روایت کے سائے میں جنم لیا اور ان کے شعور کی تربیت اسی مخصوص اور محدود ثقافت کے دائرے میں ہوئی۔ چناں چہ مسلسل شعر کہتے رہنے کے باوجود وہ اپنے عہد کے عام ادبی کلچر کا حصہ نہیں بن سکے۔ اکیلے پن اور ایل الگ انداز کی زندگی گزارتے رہے۔ ہمارے عہد کا ایک آشوب یہ بھی ہے کہ عام لوگ دیکھتے اس کی طرف ہیں جو انھیں پکارتا ہے۔ بھیڑ سے بے نیاز رہنے والا، اپنی بات چاہے جتنے مؤثر طریقے سے کہہ رہا ہو، بہت کم لوگ اس کی بات پر کان دھرتے ہیں۔ مصحف کی شاعری کا بھی یہی حال رہا۔ 'دور کنارا' ان کا تیسرا مجموعہ کلام

ہے۔ پھر بھی لگتا ہے کہ اس کتاب کے ساتھ وہ پہلی بار نمودار ہوئے ہیں اور اس نمود میں خاموشی، تنہاروی اور شائستگی کی وہی ادا ملتی ہے جو توصیفی کی ہستی کا ایک حصہ ہے۔

بہت دن ہوئے، کوئی چالیس پینتالیس برس پہلے میاں بشیر احمد (مدیر 'ہمایوں') کی کتاب 'طلسم زندگی، میں کسی مغربی مصور کے ایک شاہ کار (کے Reprint) پر نگاہ ٹھہری تھی۔ تصویر میں ایک آزمودہ کار بوڑھا ہے جو ساحل پر چپ چاپ بیٹھا ہوا، اس مہیب اور بارونق جہاز کے عرشے پر نظریں جمائے ہوئے ہے جہاں لوگ اپنی رنگ رلیوں میں مست ہیں۔ جہاز کے لنگر کھول دیے گئے ہیں اور دھیرے دھیرے وہ کنارے سے دور ہو رہا ہے۔ میاں بشیر احمد نے اپنی نظم نما نثر میں اس پینٹنگ پر جو نوٹ لکھا تھا، اس میں بوڑھے کی زبان سے یہ بھی پوچھا گیا تھا کہ "کیا یہی ہے زندگی؟" گویا کہ دنیا میں اکثر ہمارا حاصل سوائے ایک 'حسرتِ حاصل' کے کچھ اور نہیں ہوتا اور زندگی اکثر ہمارے پاس سے ہو کر یوں گزر جاتی ہے جیسے اس کا کوئی بھی نقش و نشان ہمارے لیے نہ ہو۔ مجھے آج یہ واقعہ 'دور کنارہ' کی ایک نظم پڑھتے وقت اچانک یاد آگیا۔ نظم کا عنوان ہے "مجھے شاعری نہیں آتی" اور اس کی شروعات اس طرح ہوتی ہے کہ:

مجھے شاعری نہیں آتی
وہ شعر ہو یا فلسفہ
میں اپنی بات کیوں کہوں
جب میرے گرد پھیلے اس سمندر میں
کوئی لہر ایسی نہیں
جو ساحل کو چھو سکے
میرا

اور اپنا بھرم رکھ سکے

جب فنا ہی میرا مقدر رہے

تو میں کیوں بے کار ہی

ایک بے لنگر جہاز میں بیٹھا

انجانے جزیروں سے

سر ٹکراتا پھروں

یعنی یہ کہ "یہ زمیں، یہ خلا کی رقاصہ" بھی تو بجائے خود ایک بے لنگر جہاز ہے۔ سو ہم دنیا میں رہتے ہوئے بھی اس کے معاملات سے خود کو الگ رکھیں، یا اس تماشے میں شامل ہو جائیں، اس سے کوئی خاص فرق نہیں پڑتا۔ مصحف کی نظموں اور غزلوں میں یہ احساس بار بار رونما ہوتا ہے، بالعموم ایک انتہائی ناقابلِ تقلید اور ایسی پر فریب، سادہ زبان میں اور ایک ایسے بے ساختہ فطری، سہل ممتنع کیسی کیفیت رکھنے والے اسلوب میں جس تک ان کے معاصرین میں صرف احمد مشتاق کی رسائی ہو سکی ہے۔ اس بات کو آگے بڑھانے سے پہلے میں چاہتا ہوں کہ 'دور کنارا' کے اشعار سے کچھ مثالیں نقل کرتا چلوں:

دن میں نہ جانے کب گھس آیا، صحرا میرے کمرے میں

دفتر سے لوٹے تو دیکھا گھر کا نقشہ آج عجیب

وہ کہتی ہے آج ہمارے بچوں کے فون آئیں گے

اپنے گھر میں لگتے ہیں ناتنہا تنہا آج عجیب

*

ہاتھ میں ہند و لب پر چائے کا پہلا بوسہ

صابن کی دیوار پہ میری آدھی مونچھیں

آدھا چہرہ
صبح کی سیر کو جاتے
شام کو دفتر سے گھر آتے
مجھ سے لمبا میرا سایہ

(۔۔۔تمامی)

*

ایک ہوتی تو دکاں لے جاتا
دل سا بازار کہاں لے جاتا
خواب لے جاتا کبھی حسرتِ خواب
شمع بجھتی تو دھواں لے جاتا
کیا مرا ہونا نہ ہونا میرا
میرے سب نام و نشاں لے جاتا
وسعتِ گوشۂ خلوت سے ہوں تنگ
میں کہاں کون و مکاں لے جاتا
ایک آنسو نے ڈبویا مصحفؔ
اس سمندر کو کہاں لے جاتا

*

نئی نظم لکھ کر
کہو۔۔۔۔۔۔جی کا کچھ بوجھ ہلکا ہوا
اسی طرح تم روز نظمیں لکھو گے

تو اک اور دیوان ہو جائے گا
اور آہستہ آہستہ
جینا بھی آسان ہو جائے گا!

(۔۔۔۔۔۔ نئی نظم)

*

آج اس سے ملے تو لوٹ آئے
بھولے بسرے ہوئے زمانوں میں
ایک بندوق کے نشانے پر
میں پہاڑوں پہ، میں ڈھلانوں میں
آئے ہو اس گلی میں اب مصحف
قفل جب پڑ گئے مکانوں میں

*

دیکھو، وقت کی آہٹ تیز ہوتی جاتی ہے
جو سوال باقی ہیں پوچھ لو ابھی ہم سے

*

سوچو تو دم گھٹتا ہے
دنیا کتنی چھوٹی ہے

*

نقشِ قدم تھا وہم سفر تک
کوئی نہیں تھا حدِ نظر تک

بھیڑ تھی کیسی دوکانوں پر
کوئی نہ پہنچا اپنے گھر تک
میں ہی کسی کو یاد نہ آیا
میں نے نہیں لی اپنی خبر تک
اک بھاری زنجیر تھی دنیا
دفتر سے۔۔۔ بازار سے۔۔۔ گھر تک

*

اپنا تو اک چراغ تھا جس کو ہوا بجھا گئی
ہم نہیں جانتے انہیں، شمس و قمر کا کیا کریں
قیس کی بات اور تھی اس کا نہ کوئی گھر نہ ٹھور
یہ جو ہمارے ساتھ اک گھر بھی ہے، گھر کا کیا کریں
اوروں کے سامنے رہے ہم بری آن بان سے
اپنی نظر سے گر گئے، اپنی نظر کا کیا کریں

*

میرا خیال ہے کہ نئی حسیت کی ترجمانی اور 'نئی شاعری' کے ارتقا میں میراجی کی روایت سب سے پیچیدہ، رمز آمیز اور دشوار مرحلے کی حیثیت رکھتی ہے۔ گنے چنے اور شناخت کیے جانے والے identifiable عناصر، بندھے ٹکے، مروج اور مطبوع و مقبول موضوعات: سکہ بند، سریع الفہم اور آزمائے لفظوں یا گھسی پٹی اور پامال ترکیبوں کی مدد سے شعر کہنا، ظاہر ہے کہ آسان بات ہے۔ ان وسیلوں تک ادنیٰ قسم کی تخلیقیت کے حامل اور شاعرانہ ابجد کی معمولی شد بد رکھتے والے بھی گرتے پڑتے جا پہنچتے ہیں۔ نئی

شاعری میں تکرار اور پھیکے پن کا رنگ اتنی جلدی جو پیلا تو اسی لیے کہ ہماری زیادہ تر نئے شاعر تقلیدی مزاج کے مالک تھے۔ اُن کی دسترس بس سامنے کے موضوعات، ذخیرۂ الفاظ اور تجربوں تک تھی۔ بے شک، نئی شاعری نے ہماری روایت پر اپنی انفرادیت اور ایک علاحدہ تشخص کا نقش بھی مضبوطی سے بٹھایا، لیکن یہ سعادت اختر الایمان سے لے کر مصحف اقبال توصیفی بلکہ ان کے کافی بعد نمایاں ہونے والے تازہ تر نئے شاعروں (مثلاً ذی شان ساحل، ثروت حسین، سعید الدین، ارباب مصطفیٰ اور خواتین میں سارہ شگفتہ، تنویر انجم، عشرت آفریں تک) صرف معدودے چند ناموں کو نصیب ہوئی ہے۔ مصحف اس چھوٹی سی اقلیت میں شامل ہیں جو زمانے کے عام چلن سے بے نیاز، اپنی دھن میں رہتی ہے اور اپنے نجی احساسات کو اپنا رہ نما بناتی ہے۔ زمانے کے مقبول عام رنگ ڈھنگ کو خاطر میں نہ لانا اور اپنے شعوری انتخاب کے نتیجے میں اپنی تنہائی اور تنہاروی کا بوجھ اٹھانا سہل نہیں ہے۔ میراجی کی روایت کا پہلا سبق یہی ہے کہ زاغ و زغن چاہے جتنا کہرام مچائیں، اپنا راگ اگر جے جے ونتی (میراجی کا پسندیدہ راگ) ہے تو بس اس کی دھن ہر آن چھڑی رہنی چاہیے، باقی سب تو شب و روز کا تماشا ہے اور بازیچۂ اطفال کی دھما چوکڑی۔ ضروری نہیں کہ اپنے رنگ کو سمجھنے اور اسے اپنی نظم یا غزل میں برتنے والا ہر شاعر کامیاب بھی ٹھہرے۔ لیکن اچھی اور سچی شاعری کبھی بھی اپنی آواز کو پائے بغیر وجود میں نہیں آتی۔۔۔۔۔ اس کا دائرہ اثر محدود تو ہو سکتا ہے مگر اس کی معنویت اور انفرادیت بہر حال مسلم ہے۔ مستعار تجربے کی طرح مستعار لہجے، زبان، اسلوب کی طاقت بھی صرف وقتی ہوتی ہے۔ ایسا نہ ہوتا تو بہت سے نئے شاعر، جن کے نام کا ڈنکا کبھی زور و شور سے بجتا تھا، اتنی جلدی پرانے نہ ہو جاتے۔ تقلیدی کلاسیکیت ہو کہ ترقی پسندی کہ جدیدیت، ان کا جادو زیادہ دیر تک نہیں چلتا۔ خود میراجی اور فیض کے معاصرین میں

کتنوں کا کلام اب بھی شوق سے پڑھا یا سنایا جاتا ہے ؟ غیر ادبی مصلحتوں کی مجبوری اور کسی خاص گروہ، نظریے، مقصد کے 'وفادارانِ ازلی، کی بات اور ہے۔

مصحف کی شاعری اس گیان دھیان کی شاعری ہے جس کی اپیل سے کے لیے نہیں ہوتی اور جو اپنی سادگی کے باوجود ایک سربستہ راز کی طرح دھیرے دھیرے اونچی ہوتی ہے اور اس سے نمودار ہونے والی روشنی کی پہچان کے لیے اس کے پاس جانا ضروری ہے۔ ظاہر ہے کہ اشیا اور مظاہر کی طرح احساسات اور داخلی تجربے اپنے آپ کو کھلے ڈلے انداز میں پڑھنے والوں پر منکشف نہیں کرتے۔ کچھ تو اپنی اندرونی ہیئت اور بنت کے باعث کچھ مصحف کی خلقی حیا اور کم آمیزی کی وجہ سے بھی ان کی شاعری تعارف ہمیشہ ادھورا اور محدود رہا۔ اور یہ صورتِ حال اس حقیقت کے باوجود رونما ہوئی کہ مصحف کی شاعری کے حوالوں پر نہ تو فلسفہ طرازی کا رنگ چھایا ہوا ہے، نہ نفسیاتی دروں بینی کا، نہ علامت سازی اور اسطور نوازی کا۔ تجربے اور اظہار و اسلوب کی دقت پسندی شعار کرنے والے ہر شاعر (یا شاعرہ) کو غالب کی صف میں جگہ نہیں مل جاتی۔ پیچیدگی کا راستہ کئی نئے شاعروں نے بھی اختیار کیا تھا اور ان کا انجام بھی ہمارے سامنے ہے۔ افتخار جالب کتنے ذی علم شخص تھے اور تحقیق و تنقید میں انہوں نے کیسا صبر آزما اور حوصلہ طلب راستہ چنا تھا، مگر اس سے خود انہیں یا ان کے قاری کو ملا کیا؟ شاعری اور معمے بازی میں فرق تو ہمیشہ کیا جائے گا۔ لہٰذا میرا جی کی روایت سے منسوب ایسے شاعر بھی جنہوں نے ذاتی علائم اور پیچیدہ بیانی کا کھٹ راگ پھیلایا، ان میں سرخ روئی کی مثالیں انتہائی کم یاب ہیں۔ بے شک شاعری میں سریت، رمز آفرینی، اشاریت، فکری دبازت، فلسفیانہ تعمق، نفسیاتی مہم جوئی، علوم کے دیدہ اور نادیدہ جہانوں سے باخبری اور مذہبی، معاشرتی، تاریخی، تہذیبی علامتوں اور تلمیحوں پر گرفت کے نتائج بار آور ہو سکتے ہیں، لیکن ملٹن، غالب، اقبال اور

ایلیٹ کا انداز ہر ایک کو راس نہیں آتا اور ہمارا کم عیار عہد تو بہر حال اس روش سے زیادہ مناسبت نہیں رکھتا۔ منٹو کا افسانہ "پھندنے" اور حلقۂ ارباب ذوق کی نشستوں میں پیش کیے جانے والے بہت سے تجربے ہمارے عہد کی روایت کا مستقل حصہ جو نہ بن سکے تو اسی لیے کہ پیچیدگی ہر حال میں اور ہمیشہ نتیجہ خیز نہیں ہوتی۔ مصحف ان گنتی کے نئے شاعروں میں ہیں جنہیں اس عہد کی زندگی اور شاعری کے مسئلوں پر سوچ بچار کی عادت بھی ہے۔ ان کی ذہنی تربیت سائنسی خطوط پر ہوئی ہے۔ جدید دور کے ذہنی اور فکر اسالیب سے وہ اچھی طرح آگاہ ہیں جس کا اندازہ ان کی بعض نثری تحریروں اور ان کی نظموں کے مضامین سے بھی لگایا جا سکتا ہے۔ اسی کے ساتھ ساتھ، ایک اور جہت جو ان کے تخلیقی وجود سے صریحاً وابستہ دکھائی دیتی ہے، وہ ان کی مذہبیت ہے، غیر رسمی اور غیر روایتی سطحی پر۔ گویا کہ موجودات کی جس دنیا میں وہ اپنے شام و سحر، اپنے شب و روز کا تانا بانا تیار کرتے ہیں، وہ تمام کی تمام ظاہر اور آشکار نہیں ہے۔ اس میں بہت کچھ ایسا بھی ہے جو حواس اور بصارت اور برتاؤ کے حدود سے ماورا ہے۔ لا موجود اور بے حساب ہے۔ غیر مجسم اور مجرد ہے۔ اس نوع کے احساسات کی نمائندگی جن نظموں اور غزلوں میں ہوئی ہے ان سے کچھ مثالیں حسب ذیل ہیں:

*

درد کا نام پتا مت پوچھو
درد اک خیمۂ افلاک
اس اقلیم پہ پہ سایہ کناں
(تم اسے قطب شمالی کہہ لو)
تم جدھر آنکھ اٹھا کر دیکھو

برف ہی برف ہے
اور رات ہی رات
ہم وہ 'موجود' کہ جن میں شاید
زندگی بننے کے آثار ابھی باقی تھے
حشرات۔۔۔۔۔ایسے کہ جن کو شاید
روشنی اور حرارت کی ضرورت تھی ابھی
اس اندھیرے میں کہو برف پہ رینگیں کیسے
کوئی بتلاؤ کہ اس رات کے آزار سے نکلیں کیسے
رات ایسی کہ جو ڈھلتی ہی نہیں
برف ایسی کہ پگھلتی ہی نہیں !!

(۔۔۔۔۔درد کا نام پتا مت پوچھو)

*

ہزار، لاکھ، کروڑوں برس میں بکھرا وقت
زمین کے گزرے ہوئے 'کل' کا ایک حصہ ہے
زمیں کے گذرے ہوئے 'کل' میں میرا 'کل' ابھی ہے
مرے لہو کے بھی سکے ہیں ان خزانوں میں
زمیں نے جن کو لٹایا ہے آسمانوں میں
وہ ننھے ننھے ستاروں کے ٹمٹماتے چراغ
جو میرے اشکوں سے تابندہ ہیں۔۔۔۔۔وہ گول سا چاند
وہ چرخہ کاتتی بڑھیا جو اس میں بیٹھی ہے

وہ میری ماں کی طرح۔۔۔۔۔۔وہ میری بیٹی ہے!!

(۔۔۔۔۔۔نیم دائرے)

'دور کنارا' کے ساتھ وقت یہ ہے کہ اس طرح کی مثالیں یہاں بہ کثرت موجود ہیں۔ مصحف بظاہر بہت سادہ سی دکھائی دینے والی نظم میں، لہجے اور اسلوب پر کسی طرح کا عالمانہ غلاف چڑھائے بغیر، بہت گہری اور الجھی ہوئی کوئی بات کہہ جاتے ہیں۔ نظم اور غزل، دونوں میں ان کا یہی شیوہ قائم رہتا ہے۔ 'درد کا نام بتا مت پوچھو' اور 'نیم دائرے' سے آگے بڑھ کر ان کی غزلوں میں بھی ایسے شعر جا بہ جا بکھرے ہوئے ہیں جن میں کسی بلیغ اور انوکھے تجربے پر ایک جانا پہچانا مانوس سا لسانی خول چڑھا ہوا ہے اور اوپر سے یہی لگتا ہے کہ یہ شاعری بھی موجودہ دور کے مقبول عام رویوں کی ہی ترجمان ہے اور اس میں ایسی کوئی بات نہیں ہے جسے غیر معمولی اور منفرد کہا جا سکے۔ لیکن جس وقت ہم اس طرح کے شعروں دوچار ہوتے ہیں تو ہمارا ردِ عمل یکسر بدل جاتا ہے:

عمر کی رات جاگ کر کاٹی
میری آنکھوں میں کوئی خواب کہاں
یہ زمیں گھومتی ہے جانے کیوں
جا رہا ہے وہ ماہتاب کہاں

٭

روح میں طوفان سا، جاں میں بھنور ہے الگ
دشتِ صدا میں گھرا آنکھ کا گھر ہے الگ
سر کو چھپائیں کہاں، بارشِ سنگ اک طرف

دل کو سنبھالیں کہ یہ کانچ کا گھر ہے الگ
تو جو بہت پاس ہے، دور سے دیکھوں تجھے
پاس بلاؤں اسے، تجھ سے اگر ہے الگ
چشم معانی میں ہے اور ہی منظر کوئی
لفظ وہی، لب وہی، دل پہ اثر ہے الگ

*

کھویا ہے تو کیا کھویا، پایا ہے تو کیا ہم نے
سب کھیل تماشا ہے، سب دیکھ لیا ہم نے
دیکھیں تو سہی ہم بھی، اے دل ابھی چلتے ہیں
انجام جو ہو سو ہو، اب سوچ لیا ہم نے
بجھتی ہوئی آنکھوں میں لفظوں کا دھواں کیا تھا
کچھ تم کو نظر آیا، کچھ تم سے کہا ہم نے

*

'فائزا' سے 'دور کنارا' تک مصحف کی نظم اور غزل کا سب سے بڑا وصف یہی ہے کہ وہ بیان اور خاموشی کو ایک ساتھ اپنے اظہار کا ذریعہ بناتے ہیں۔ لفظوں کے اسراف سے دامن بچائے رکھتے ہیں۔ کبھی تجربے کی تفصیل میں نہیں جاتے۔ نظموں سے قطع نظر، غزل کے شعروں میں بھی ایک نجی اور گھریلو فضا قائم رکھتے ہیں۔ بیان کی سجاوٹ کے معروف وسائل ۔۔۔۔۔ علامت، استعارہ، پیکر کی امداد کے بغیر، طبیعی اور ارضی حقیقتوں سے روحانی اور مابعد وسائل ۔۔۔۔۔ علامت، استعارہ، پیکر کی امداد کے بغیر، طبعی اور ارضی حقیقتوں سے روحانی اور مابعد الطبیعاتی حقیقتوں تک وہ ایک لمبا سفر اس

طرح طے کر لیتے ہیں کہ ان کی مسافت کا اندازہ لگانا مشکل ہو جاتا ہے۔ اس شاعری کی تمام تر سادگی اس کے بیان اور لفظیات میں ہے اور اس شاعری کی تمام تر پیچیدگی اس کے ذخیرۂ احساس میں ہے۔ معمول کی زندگی اور روز مرہ معاملات اور مظاہر کے واسطے سے مہیب و رفیع تجربوں تک رسائی کا یہ انداز معاصر شاعری میں عام نہیں ہے۔ ایک اور امتیازی وصف جس کی مثالیں مصحف کے یہاں جا بہ جا بکھری ہوئی ہیں، تعلق اور لاتعلقی، متانت اور مزاح کے ناگزیر اندرونی رابطوں کی دریافت ہے۔ ان کی حسیت آس پاس کی چیزوں میں ، یہاں تک کہ آپ اپنی ہستی کے تقاضوں اور رشتوں میں کبھی آلودہ اور محصور نہیں ہوتی، آزاد بھی رہتی ہے اور پا بہ گل بھی ، صنوبر کی مانند۔ اسی طرح ان کا مزاح سنجیدگی سے اپنا تعلق کبھی توڑتا نہیں اور ان کی متانت، تخلیقی کھلنڈرے پن (Playfulness) کے لمحوں میں بھی اپنا بھرم باقی رکھتی ہے:

بدن کی اندھیری گپھا میں نہیں
زمیں پر نہیں، میں خلا میں نہیں
وہ مٹھی نہ کھولے تو میں کیا کروں
ابھی میری خوشبو ہوا میں نہیں

٭

اب انہیں، تنہائی بولی
دس بجتے ہیں دفتر جائیں
رونے اور ہنسنے سے پہلے
اس نے دیکھا دائیں بائیں

٭

سورج ڈوبا، ہم دفتر سے گھر لوٹے
کُتّا منھ میں گیند دبا کر لایا ہے
اک بے نام سفر ہے نوری سالوں کا
کس نے تجھ کو دیکھا، کس نے پایا ہے
دیکھیں اس کا غم ہے یا پھر اور کوئی
جانے اتنی رات گئے کون آیا ہے

*

سن رہا ہوں ہاتھ میں ٹھوڑی لیے
جیسے یہ میری کہانی ہی نہیں
آپ ہم کو لاکھ اکسائیں جناب
آپ بیتی تو سنانی ہی نہیں

*

سچ تو یہ ہے ہر معنی خیز اور دل چسپ یا دوسروں کا دھیان اپنی طرف کھینچنے والی آپ بیتی، جگ بیتی کا بیان کیے بغیر مکمل نہیں ہوتی۔ ایک آدمی کے رہنے سے گھر، گھر نہیں بنتا اور ایک سکری سمٹی ہستی بھی اس وقت ایک کائنات اصغر بن جاتی ہے جب اس کی بصیرتوں اور احساسات کے دریچے کھلے ہوئے ہوں۔

اب تک مصحف سے میری بس دو تین ملاقاتیں ہوئی ہیں اور ایک خاموش، سکوں پرور بستی میں، گھنے درختوں کے پہلو میں آباد ان کے گھر پر میں نے صرف ایک دوپہر گزاری ہے۔ ان کے اطوار میں شاعروں جیسے کوئی بات نہیں۔ ہم جتنی دیر ساتھ رہے،

دوسروں کے شعر سنتے سناتے رہے۔ بات چیت سے وہ ایک عافیت پسند، گوشہ گیر اور کسی قدر غیر جذباتی انسان نظر آئے۔ اسی لیے 'دور کنارا' کے پیش لفظ میں میرا سامنا جب ان لفظوں سے ہوا کہ:

"شاعر بھی ایک عام آدمی، ایک عادی مجرم کی طرح ہے لیکن تھوڑے سے فرق کے ساتھ اور وہ یہ کہ اسے اپنے جرائم کا احساس ہے۔ وہ جرم تو کرتا ہے، مجرم ہے لیکن پھر اچک کر جج کی کرسی پر بھی جا بیٹھتا ہے اور اپنے آپ کو مسلسل سزائیں سناتا رہتا ہے۔۔۔ (بہ قول اختر الایمان) معاشرہ اور شاعر ایک دوسرے کی ضد ہیں۔ یہی معاندانہ رویہ شعری تخلیقات کی بنیاد ہے۔

یہ سارا منظر نامہ جو علوم، معاشرے اور تہذیب کی ترقی کے متوازی تاریخِ انسانی کا حصہ رہا ہے، میں بھی اسی 'کُل' کا 'جز' اور اسی خط کا ایک نقطہ ہوں۔ پھر میرا اپنا محلِ وقوع ۔۔۔۔۔۔ میری Locale ہے، میری داخلی کیفیات ہیں، جنھوں نے مجھے جکڑ رکھا ہے۔ دنیا کو دیکھنے اور سمجھنے کا میرا الگ اپنا انداز ہے۔۔۔۔۔۔ اس کے علاوہ یہ کہ زمان و مکاں کی ایک بڑی چھتری کے نیچے ہمارے کچے اینٹوں کے مکانوں کے دروازے، روشن دان، کھڑکیاں او ان پر لٹکے ہوئے پردے الگ الگ ساخت اور الگ الگ رنگوں کے ہیں۔ تو جب ہمارے تجربات اور ہمارے Responses مختلف ہیں تو اظہار کے پیرائے بھی جدا ہونے چاہئیں"۔ (دور کنارا: پیش لفظ، ص: ۹،۱۰)

'دور کنارا' کی نظموں، غزلوں میں اظہار کا پیرایہ تحت بیانی کا ہے۔ حد تو یہ ہے کہ عراق اور گجرات پر اپنی موضوعاتی نظموں میں مصحف نے اپنے ردعمل کو ذرا بھی بے قابو نہیں ہونے دیا۔ کہا تو بس اتنا کہ:

ذرا سوچا نہیں تھا

کبھی دن اس قدر تاریک ہوں گے
کہ راتیں سہم جائیں گی

*

کبھی یہ سوچتا ہوں
کاش میں کچھ اور ہوتا
بس اک چوہا۔۔۔ اور اپنے بل میں رہتا۔۔۔!!

یہ احتجاج نہیں، ایک جبر کا بیان ہے۔ اور اسی جبر کے بیان سے یہ دیوان مرتب ہوا ہے جس کی شروعات 'فائزا' سے ہوئی تھی اور اب 'گماں کے صحرا' سے گزرتے ہوئے بالآخر 'دور کنارا' کی یہ منزل آئی ہے۔ یہ مسافت اگر بہت طویل نہیں تو کچھ بہت مختصر بھی نہیں ہے۔ لیکن ان کے بے نام اور بال خیز عشق کا قافلۂ سخت جاں، اس وقت اظہار و بیان کی جس منزل میں ہے، اس کے روپ رنگ میں بھی بہتری کا کوئی امکان بہ ظاہر نہیں تو آتا۔ ایسی صورت میں 'دور کنارا' کی یہ نظم ہم سے جو کچھ کہتی ہے، شاید ٹھیک ہی کہتی ہے:

خدا نے چاہا تو جو بھی ہو گا وہ ٹھیک ہو گا
اگر اسی میں رضا ہے اس کی
اگر یہی اس کی مصلحت ہے
اگر وہ یہ چاہتا ہے میں خواب ہی نہ دیکھوں
کبھی نہ سوؤں
یہ چند سانسیں میں جاگ کر ہی گزار لوں گا

(۔۔۔۔۔۔ خدا نے چاہا)

یہاں اب یہ کہنے کی ضرورت نہیں کہ اس چھوٹی سی نظم میں جو باتیں ان کہی رہ گئی

ہیں، ان کا سلسلہ ہمارے پاس سے دور تک اور زمین سے آسمان تک پھیلا ہوا ہے۔ مصحف نے بہت دنوں پہلے ایک شعر کہا تھا:

جس نے دی ہیں اسی کو لوٹا دیں
یہ رہیں صبحیں، یہ رہیں شامیں

یہ شعر اس مضمون کا اختتامیہ ہے ------ اب اور کچھ کہنے کی گنجائش بھی نہیں ہے۔

(۲) مصحف اقبال توصیفی کی شاعری: ایک مطالعہ

بلراج کومل

مصحف اقبال توصیفی کا نام بطور شاعر کسی تعارف کا محتاج نہیں ہے۔ آپ کی پہلی نظم ۱۹۵۹ء میں مردان۔ پاکستان سے تاج سعید کی ادارت میں شائع ہونے والے ادبی جریدے "قند" میں منظر عام پر آئی۔ آپ کی پیدائش ۱۹۳۹ء میں ہوئی۔ اس اعتبار سے انہوں نے اپنے ادبی سفر کا آغاز جب کیا تو ان کی عمر ۲۰ برس تھی۔ آپ کا کلام ۱۹۵۹ء سے لے کر آج تک باقاعدگی سے ہندوستان پاکستان کے جلیل القدر رسائل کی زینت بنتا رہا اور قارئین اور ناقدین کی توجہ کا اعزاز حاصل کرنے میں کامیاب رہا۔ تعلیم و تربیت کے اعتبار سے چوں کہ آپ جیالوجی کے ماہر ہیں اس لیے اس تعلق سے آپ کا سلسلۂ روزگار جیالوجیکل سروے آف انڈیا سے وابستہ رہا۔ ۲۰۰۰ء میں آپ ملازمت سے فارغ ہوگئے اور فی الوقت ادبی تخلیقی سرگرمیوں سے منسلک ہیں۔ ذاتی طور پر میں آپ کے کلام سے کم و بیش ۴۵ برس قبل متعارف ہوا تھا۔ رسائل اور مختلف اداروں کی جانب سے شائع کردہ آپ کے اپنے شعری مجموعوں اور منتخب کلام کے مجموعوں میں شامل آپ کا کلام پڑھ کر فوری طور پر یہ تاثر قائم ہوتا تھا کہ آپ محض ہجوم کا حصہ نہیں ہیں بلکہ الگ سے اپنی خصوصی پہچان رکھتے ہیں۔ بہت کم الفاظ میں بات کہنے کا فن جانتے ہیں اور زندگی کے قریبی مشاہدے اور مخصوص متوازن طریق کار (جو ممکن ہے آپ کو اپنے جیالوجی کے مطالعے کے فیض سے حاصل ہوا ہو) سے اپنا جہانِ تخلیق آباد کرتے ہیں۔

مصحف اقبال توصیفی کا کلام پڑھتے وقت بنتے بگڑتے بہت سے تاثرات ذہن و دل

میں پیدا ہوتے ہیں۔ آپ اقبال، جوش کی طرح پُر شکوہ الفاظ اور پُر شکوہ اسلوب کے شاعر نہیں ہیں۔ ان کے بر عکس وہ سادہ روز مرہ زندگی کے تجربات سے اپنی شاعری کا مواد حاصل کرتے ہیں اور آسانی سے سمجھ میں آنے والے الفاظ میں ان کی تخلیقی تجسیم کرتے ہیں۔ مجموعی طور ترسیل کے مدارج پر حاوی رہتے ہیں لیکن کچھ نظموں اور کچھ تخلیقی علاقوں میں نوعیتوں کے مکمل ادراک کے لیے متن کی جانب بار بار لوٹ کر آنے کے لیے گنجائشیں چھوڑ دیتے ہیں۔ اپنے قارئین کو کوئی مثبت یا منفی پیغام نہیں دینا چاہتے۔ نہ ہی ان کے پاس کوئی ایسا لائحہ عمل ہے جس کی مدد سے اس دنیا کو سنوارنے کے لیے کسی امکان کی بشارت کو نور حاصل کیا جا سکے۔ مصحف اقبال توصیفی بہر حال زندگی، فطرت، نوعِ انسان، سماج، ماضی حال مستقبل، گھر آنگن، سڑک، بازار، موجود، غیر موجود، نا موجود اور اعمال و معمولات سے جڑے ہوئے ہیں۔ فائزا، بطور استعارہ انہیں ان کے اندر کے محو کار سائنس دان نے عطا کیا ہے لیکن اس کو جہانِ معنی ماضی، حال مستقبل کے ہمہ جہت تسلسل میں کار فرما عمل اور رد عمل کی جدلیاتی نوعیتوں سے حاصل ہوا ہے۔ فائزا، پتھر، موم، آنسو، لہر، دفتر، گھر، تنہائی۔ اور سینکڑوں دیگر الفاظ ان کے یہاں سر گرم عمل ہیں۔ لیکن منفرد جذباتی، فکری، احساساتی کیفیات بہ یک وقت لمحاتی اور جاودانی تصادموں سے وجود میں آتی ہیں۔ 'فائزا'، اپنی جڑیں تلاش کرنے کے عمل میں ایک زمینی وجود کے روپ میں معنوی طور پر قائم و دائم ہے۔ جڑیں تلاش کرنے کی ہر کوشش، آغاز و انجام کی جانب اشارہ کرتی ہے۔ انسان ایک ساحل تک پہنچ جاتا ہے لیکن وہیں سے دوسرا ساحل شروع ہو جاتا ہے۔ تنہائی مسلسل ہے۔ لیکن دریافت کا سلسلہ بھی جاری و ساری ہے۔

مصحف اقبال کے تخلیقی اظہار کے کچھ مخصوص پہلو ہیں۔ فائزا اگر تاریخی تسلسل کی جائے محفوظ کا استعارہ ہے تو گماں کا صحرا وہ کڑے کوسوں کا سفر ہے جو تلاش اور دریافت

کے سفر کو معنی عطا کرتا ہے۔ زندگی کے اس کرے کوسوں کے سفر میں گھر، آنگن، بیوی، بچے، دوست، دشمن، پڑوسی۔ ہم پیشہ رفیق۔ سرِ رہ گزر ملنے والے واقف کار یا اجنبی۔ حادثات، واقعات، وابستگیاں، سب مل کر ایک سلسلے کی تکمیل کرتے ہیں۔ ہر انسان کو کچھ لوگ خاص طور پر پسند آتے ہیں کچھ جذباتی رشتوں کا حصہ بن جاتے ہیں۔ کچھ عارضی تاثر کی طرح پاس سے گزر جاتے ہیں۔ مصحف اقبال توصیفی کی ذاتی وابستگیوں کی تجسیم ایک سطح پر ہم عصر شاعروں اور فنکاروں کے طفیل ہوئی ہے جن میں مخدوم محی الدین ،شاذ تمکنت ، مغنی تبسم ، محمد علوی خاص طور پر قابل ذکر ہیں اسی سطح کی توسیع کچھ مخصوص شہروں سے وابستہ نظموں کی صورت میں بھی ہوئی ہے۔ دوسری سطح پر خانگی زندگی کے وہ سرسبز نخلستان، صحرا، سمندر ہیں جنہیں شریک حیات، بچوں، دوستوں اور متفرق متعلقین نے اپنی محبتوں، نفرتوں اور تمازتوں سے روزہ شب کا متحرک حصہ بنا دیا ہے۔ توصیفی کی پہلی سطح کی وابستگیاں اظہار کی وہ صورتیں پیش کرتی ہیں جب دو فرد دو انسان مشرکہ اقدار اور مشترکہ جذبات کی سرگرمی میں ایک دوسرے کے قریب آ جاتے ہیں عقیدت خاص طور پر روحانی عقیدت بھی تخلیقی تحرک کا باعث ثابت ہو سکتی ہے۔ نظم ستیہ سائی بابا، ایسی عقیدت کی مثال ہے۔ کچھ اقتباس ملاحظہ کیجیے:

اشک پلکوں سے ڈھلکے ہوئے رخسار تک آجاتے ہیں
جذب ہو جاتے ہیں
دور تک پھیلی ہوئی مٹی میں۔۔

اس مٹی سے تو اگتے ہیں گلاب
اور سورج کی شعاعیں

منعکس ہوتی ہیں جب خاک کے نم ذروں سے
دور۔ تاریک خلاؤں سے کوئی دیکھے، زمیں
نور کا دائرہ بن جاتی ہے

میرے شاعر! مرا سرمایہ یہی آنسو ہی
اور تو کچھ بھی نہیں جو میں تری نذر کروں
یہی تو کچھ پھول لیے آیا ہوں
اک دیا تیرے سرہانے رکھ دوں!

'مخدوم محی الدین': (فائزا)

زمیں کو کچھ اس طرح اُلٹا گھمائیں
کہ سب گردشیں وقت کی ایک پل کو ٹھہر جائیں
بس ایک پل کے لیے
اسی موڑ پر تو دوبارہ ملے
انہیں ریستورانوں میں بیٹھیں، اسی میز پر تجھ سے نظمیں سنیں
انھیں راستوں پر چلیں
کہ جو گھر کی چوکھٹ پہ یوں ختم ہوں۔ دن نکلنے لگے
بس ایک پل کے قدموں کی مانوس آہٹ ہو
اور رات سینے میں ڈھلنے لگے

مگر ایک پل، وقت کے آسماں پر
عجیب کہکشاں ہے، کبھی میں نے سوچا نہ تھا
ایک آنسو اور اس آئنے میں
کبھی میں نے دیکھا نہ تھا تیرا چہرہ
ابھی تیری آواز کا بیج دھرتی میں بویا
ابھی تیرے چہرے کو مٹی سے دھویا
تو چمکے خد و خال ترے
عناصر کی تہذیب میں
ستاروں کی ترتیب میں !!

شاذ تمکنت کی یاد میں (گماں کا صحرا)

شاذ تمکنت کی یاد میں مصحف کی ایک اور نظم بھی ہے۔ ملاحظہ کیجیے:

یہ سمجھو ہم بھی زندہ ہیں
جب تک آنکھوں میں تیرا چہرہ
کانوں میں آوازیں باقی ہیں
آنسو اور آہیں باقی ہیں
تیری نظموں غزلوں کے ایوانوں میں
لفظوں سے مہکی راتیں
معنی کی صبحیں باقی ہیں
ایسا لگتا ہے خواب تھا کوئی

نیندیں ٹوٹی ہیں رات ہے اب تک
جیسے تیرا ساتھ ہے اب تک
ایسا لگتا ہے، کاندھے پر
تیرے غم، تیری یادوں کا
ہاتھ ہے اب تک

شاذ تمکنت کی یاد میں،(دور کنارا)

عراق، حیدرآباد اور بیروت سے وابستہ نظمیں اپنی جگہ لیکن توصیفی اکثر و بیش تر ایک ایسے شہر کا ذکر کرتے ہیں جو ان کے اندر اور باہر مسلسل پھیلتا جا رہا ہے۔ اس کی صورت تیزی سے بدلتی جا رہی ہے، اس میں دھواں شور، حادثات، تشدد، دہشت، غارت گری روز افزوں ترقی پر ہیں اور ان کی زد میں آئے ہوئے انسانوں کا چہرہ مسخ ہوتا جا رہا ہے۔ توصیفی کی شاعری سے ابھر کر سامنے آنے والے مرد اور عورت کردار تیزی سے منہدم ہوتی ہولی اپنی انسانی خصوصیات کو بر قرار رکھنے کی کوشش میں ہیں۔ ان میں سے بعض جزوی طور پر کامیاب ہو سکے ہیں جب کہ دوسرے یہ جنگ ہار جانے کے عمل میں ہیں۔ توصیفی کی شاعری کا مرد حیوانی اشتہاؤں کا مرد نہیں ہے بلکہ وہ شریف شہری ہے جو تمام آداب و رسوم کا احترام کرتا ہے۔ گھر کے سارے فرائض سر انجام دیتا۔ اس کی کہیں ایک حقیقی محبوبہ تھی یا ہے اور کہیں اس کی مثالی رومانی تصویر لیکن رشتہ ازدواج میں منسلک ہونے کے بعد وہ رومان کی دنیا سے ٹھیک اپنے محبوب کی طرح رشتۂ ازدواج سے وابستہ فرائض کی دنیا میں داخل ہو جاتی ہے۔ بیٹی، بیوی، ماں کے طور پر سب مدارج طے کرتی ہوئی رشتوں کے پیچیدہ مراحل سے گزرتی ہے اور بہ حد مقدور خانگی توازن اور

خوشی کے لیے روز و شب کوشش کرتی ہے ٹوٹ ٹوٹ کر بکھرتی ہے اور خوش قسمتی سے پھر جُڑ جاتی ہے اس کا مرد رومان اور حقیقت میں معلق ہونے کے باعث دونوں کی آویزشوں کا جبر سہتا ہے۔ گھر سے دفتر اور دفتر سے گھر کے سفر کے سلاسل میں جکڑا ہوا ہے لیکن کسی رومانی انقلاب کا مقبول عام نعرہ لگانے کے بجائے فرار کے راستے تلاش کرنے کے عمل میں رستورانوں اور محفلوں میں کچھ عارضی تسکین صفت وقت گزارنے کی کوشش کرتا ہے یادوں کی ٹھنڈی چھاؤں بھی تلاش کرتا ہے وہی بچے جو بچپن کی معصوم اداؤں اور باتوں سے والدین کو متاع مسرت سے سرفراز کیا کرتے تھے رسمی احترام کی حدوں سے گزرتے ہوئے باغیانہ تیور اختیار کر چکے ہیں۔ لیکن عورت اور مرد بطور ماں اور باپ زوال عمر میں کی گھر کی بچی چھوٹی چھوٹی خوشیوں کو تازہ و تابندہ رکھنے کی کوشش میں کوئی کمی نہیں آنے دیتے۔ نشیب میں رہنے کے باوجود آرزوئے ارتفاع پر آنچ نہیں آنے دیتے۔ وہ اداس تو ہو جاتے ہیں لیکن مایوس نہیں ہوتے۔ بزرگوں کا خلوص دل سے احترام کرتے ہیں بھلے ہی اس راہ گزر پہ بعد میں آنے والے لوگ ایسا احترام کرنے کے لیے تیار ہوں یا نہ ہوں۔ زندگی کے مدارج کی اس تعلق کی تصویریں دیکھنے کے لیے آیئے توصیفی کی نظموں کے کچھ اور اقتباسات سے ملاقات کریں۔

اے جاں تیری چاہ کے سفر میں
ڈھونڈا ہے تجھے خلاؤں میں بھی
کچھ رات تو کٹ گئی ہے یوں بھی
کچھ فاصلہ یوں تو کم ہوا ہے
پلکوں سے ڈھلک کے ایک آنسو

رخسار پہ میرے تھم گیا ہے

'تنہائی' (فائزا)

چاہت کے پیچھے بھاگے، دل کے ہاتھوں میں مجبور ہوئے
شہرت کے پیچھے بھاگے، اپنی بنائی دیواروں میں محصور ہوئے
دولت کے پیچھے بھاگے۔ اپنے گھر سے دور ہوئے

شہرت، دولت، چاہت تینوں ہاتھ نہ آئیں
تین ہیولے ساتھ ہیں لیکن، ایک تمہاری پرچھائیں
نائٹ کرکٹ میچ میں جیسے ایک ہی شخص کے سائے چار
دیکھو اس کے اور تمہارے بیچ یہ ٹی۔ وی کی دیوار
کیسے جتن سے وہ وکٹوں پر دوڑے سو سو بار
تم بھی اپنی سانسیں جوڑو۔ دفتر، گھر، بازار

'کھیل'، (گماں کا صحرا)

سوچتا ہوں کہ ان اندھیروں میں
اس کی آنکھوں کی جھیل روشن ہے
جل رہے چراغ گالوں میں
جب میں گھر سے چلا تھا دفتر کو
صبح روتی تھیں شاخ پر کلیاں پھول ہنستے ہیں اس کے بالوں میں

'دفتر سے گھر تک'۔ (فائزا)

ابھی میرے اشکوں سے جب آسماں چاند تارے زمیں

سب آئینے دھل جائیں گے
رات ڈھل جائے گی
وہ آئے گی اور میرے پہلو میں سو جائے گی
صبح میرے سرہانے تپائی پہ رکھی ہوئی چائے کی ایک پیالی
کانچ کی چوڑیوں باسی پھولوں سے ہنس ہنس کے باتیں کرے گی!!!

(آئینے اور دیواریں) گماں کا صحرا

نہیں۔ نہیں
میں جو شیشہ ہوں نہ پتھر
میں تو زلزلوں کے ڈر سے
زمیں کی خفیف لرزش پر
تمہیں شانے سے پکڑ کر
آسماں سے نیچے لے آتا ہوں
میں چاہا ہوں تم آسمانوں میں ہی رہو
اس گھر کو اپنی باہوں کے گھیرے میں لے کر بلند ہو جاؤ
بہت بلند
مگر یہ کیسے ممکن ہے!!؟

(ایک گھر) گماں کا صحرا

ہم نے کتنی راتیں
آنکھوں ہی آنکھوں میں کاتیں
میں نے نظمیں لکھ کر

کچھ تو بوجھ اتارا
تھکے ہوئے بیمار بدن کی
باسی پھولوں جیسی خوشبو سے
سارا کچن مہکایا
کھانے کی میز پہ
دونوں بچوں
میری ماں کو بلایا

(دکھ کے رشتے) دور کنارا

توصیفی کی شاعری کا مرکزی کردار بہر حال اپنی ہمدردیوں کے طفیل اپنی شخصیت، گھر گرہستی، سماج اور اور ماحول پر قادر ہونے کی کفالت رکھتا ہے۔ سوال پیدا ہوتا ہے کہ توصیفی نے اپنے جبلی اور سماجی اثاثے سے جو کائنات آباد کی ہے وہ تصویر کی حدوں سے نکل کر شاعری کی سطح تک کیسے پہنچی۔ مسائل اور حقائق کا ذکر تو ہمارے ہر طرف موجود ہیں۔ اعداد و شمار کا ذخیرہ بھی بے پناہ ہے۔ ماضی حال اور مستقبل کے تناظر میں نوع انسان کو راہ نجات سجھانے والے فلسفے اور دعوے دار بھی موجود ہیں شاعری کا مسئلہ علم اور معلومات سے ماورا ہے۔ توصیفی کا کارنامہ یہ ہے کہ انہوں نے نہ تو شاعرانہ کارکردگی کا کوئی بندھا ٹکا فارمولا اپنایا ہے اور نہ ہی متن کی ڈرائنگ کرتے وقت کسی پابندِ سلاسل طریق کار کو اپنے اوپر حاوی ہونے دیا ہے۔ پسندیدہ الفاظ کا ذکر کر چکا ہوں۔ ان کی نظموں کے مندرجہ بالا اقتباسات میں کچھ اور بھی الفاظ متوجہ کرتے ہیں۔ نائٹ کرکٹ، وکٹ، ٹی وی، کانچ کی چوڑیاں، باسی پھول۔ سب عام الفاظ ہیں۔ یا چیزوں کے نام ہیں۔ روز مرہ

زندگی کے عام بول چال کے الفاظ کے علاوہ دیگر مرصع اور غیر مرصع الفاظ توصیفی کی شاعری میں ہر جگہ موجود ہیں۔ توصیفی نے بری چابک دستی اور رعنائی کے ساتھ ان کو سیاق وسباق فراہم کیا ہے اور خداداد پراسرار صلاحیت کی مدد سے حسن پرواز عطا کیا ہے۔ توصیفی پابند نظم، آزاد نظم، نظم معرا غیر رسمی آہنگ اور غزل۔ سب میں طبع آزمائی کرتے ہیں اور یکساں کامیابی کے ساتھ تکمیلی مراحل طے کرنے کا ہنر جانتے ہیں۔ نظم کے تعلق سے ان کے کلام کے چند اقتباسات میں پیش کر چکا ہوں لیکن چوں کہ آپ کی فنکارانہ شخصیت کا اظہار نظموں کے علاوہ غزلوں میں بھی موجود ہے اس لیے ان کی غزلوں کے چند اشعار سے شناسائی غیر مناسب نہیں ہو گی۔

ہمارے سینوں میں لاوا ہے کھولتا لاوا
ہمارے پاؤں کے نیچے زمیں نہیں کوئی

پھول جنگل کے مجھ کو بھاتے ہیں
کام کرتا ہوں کارخانوں میں

خشک ہو جائیں گے سمندر بھی
ہر طرف جب سراب دیکھوں گا

دل میں اک شاخ غم کہ سبز بہت
اور لالہ کے پھول آنکھوں میں

اپنا شہکار ابھی اے مرے بُت گر نہ بنا
دل دھڑکتا ہے مرا تو مجھ پتھر نہ بنا

اک ترا دھیان جو ٹوٹا تو بکھر جاؤں گا

مجھ کو اک لہر پہ بہنے دے، سمندر نہ بنا

نکلے تھے مگر اپنا پتہ بھول گئے ہیں
لوٹے نہیں ہم کوچۂ دلدار سے اب تک

بے چہرہ آرزو تھی، خوشی بے لباس تھی
شاید وہی گھڑی مرے غم کی اساس تھی

سرہانے چھوڑ گیا ہے ادھوری تعبیریں
وہ ایک خواب جو برہم رہا ہے آنکھوں میں

نواحِ دل میں تیرگی ہی تیرگی
نواح جاں میں آسان سرخ ہے

متکلم نظموں کے ساتھ ساتھ متکلم غزلوں کے اشعار مصحف اقبال توصیفی کے کلام میں جگہ جگہ موجود میں یہ اس لیے ممکن ہوا ہے کیوں کہ وہ کسی اضافی جبر کا شکار نہیں ہوئے۔ غزل اور نظم کے تعلق سے وہ اختر الایمان اور ستیہ پال کی طرح کسی ذاتی ترجیح کا شکار نہیں ہیں۔ معروضی طریق کار اور غیر معروضی طریق کار صرف واحد متکلم یا غیر متکلم راوی کی وجہ سے مفید یا غیر مفید ثابت نہیں ہوتے بلکہ فنی حصول اور معیار کے اعتبار سے مفید یا غیر مفید ثابت ہوتے ہیں۔

سوانحی تفصیلات اگر مجموعہ تفصیلات بن کر رہ جاتی ہیں تو نظم یا شعر پر نہیں پہنچتیں۔ اور اگر معروضی تفصیلات مجموعہ اعداد و شمار تک محدود رہتی ہیں تو محض کسی اخباری بُلیٹن کا تراشا بن کر رہ جاتی ہیں۔ مصحف سوانحی تفصیلات اور غیر سوانحی تفصیلات کی آمیزشوں سے جو تخلیقی معیار حصول پیش کرتے ہیں وہ ان کی فنی کارکردگی کی کامیابی کا ثبوت ہے۔

نرم روی اور زیر لب کیفیات کی پیش کش مصحف اقبال توصیفی کے کلام کی منفرد خصوصیات ہیں۔ زندگی سماج، فطرت اور ماحول کے جن مظاہر کی وہ شاعرانہ تجسیم کرتے ہیں وہ ہمارے دیکھے بھالے اور جانے پہچانے ہوتے ہیں۔ لیکن ان سب کے درمیان نمودِ نو اور حیاتیاتی تسلسل کی تجسیم جس انداز سے انہوں نے اپنی نظم 'ایک نظم اپنی پوتی کے لیے' میں کی ہے وہ اپنے آپ میں تخلیقی تحرک کی مثال ہے۔

میری ننھی جوہی کو
پہلے پہل جب
چلنا آیا
ایسے اترا اترا کے پاؤں بڑھاتی
مڑ مڑ کر کہتی۔ "دڈا، دا۔ دا۔"
ایسے خوش ہوتی جیسے جہاں اس کے قدموں کے نشان پڑ جائیں گے
وہ دھرتی کا ٹکڑا اُس کی اقلیم ہے
(اور جو دھرتی بچ جائے گی
سب اس کے ممی پاپا کی۔۔۔)
رات آئی تو میری گڑیا ہاتھ ہلاتی
گرتی اُٹھتی، ڈگمگ چلتی
اپنے کمرے سے
مرے بستر تک آئی
میرے خمِ بازو میں سوئی
مری آنکھوں پر ننھے ننھے ہاتھوں کو رکھ کر

اُس نے جو بھی خواب دکھائے
میں نے اُن ہی خوابوں کو دیکھا
(صدیاں گزریں
بھول گیا تھا۔۔۔)
اُس کی انگلی تھام کے
میں نے پھر سے چلنا سیکھا

(ایک نظم۔ اپنی پوتی کے لیے) دور کنارا

مصحف اقبال توصیفی عمر کے اعتبار سے مجھ سے کم و بیش دس گیارہ برس چھوٹے ہیں لیکن بہر حال میری طرح زوال عمر کی زد میں ہیں۔ میں بھی توصیفی کی طرح نمود نو کے مظاہر کی انگلی تھام کر چلنے کیو کوشش کرتا ہوں۔ مصحف اقبال توصیفی کے جہانِ رنگ و بو سے گزرتے ہوئے ہر قدم پر مجھے شرکت کا احساس ہوتا ہے۔ ایک حیات افروز اداسی، تاریکیوں میں چراغ روشن کر دیتی ہے۔ جشن انا اور انہدام انا کی خلیج مٹ جاتی ہے۔ دُکھ کے رشتے سُکھ کے رشتوں کے جلو میں اور سکھ کے رشتے دکھ کے رشتوں کے جلو میں اپنے قدموں کے نشان رقم کرتے چلے جاتے ہیں۔ توصیفی آج بھی ہمیشہ کی طرح باوقار متوازن رفتار سے محوِ سفر ہیں۔ میں بھی ان کے آس پاس کہیں موجود ہوں۔

کتابیات:

(۱) فائز ۱۹۷۱ء، (۲) گماں کا صحرا ۱۹۹۴ء، (۳) دور کنارا ۲۰۰۵ء۔

(۳) مصحف اقبال توصیفی: لمسی کیفیتوں کا منفرد شاعر

شکیل الرحمٰن

بیس پچیس برس پہلے کی بات ہے میری کتاب "یہ باتیں ہماریاں" میں مصحف اقبال توصیفی کی نظم "فائزا" کا ذکر آیا تھا، عصمت شکیل (رفیقۂ حیات) کے نام ایک خط میں اس نظم پر اظہار خیال کیا تھا، غالباً اس سے قبل اس نظم کا ذکر کسی کتاب میں آیا نہ ہو گا۔ بہت وقت گزر گیا نظم ذہن پر نقش ہے:

کبھی پتھروں کے ذخیرے سے خاکستری رنگ کا
ایک پتھر اٹھایا ہے
اور اس میں تاریخ کے ابتدائی زمانے کا اک جانور
فائزا دیکھ کر
سوچتا رہ گیا ہوں
کہ یہ جانور آج تک ایک پتھر سے چمٹا ہوا ہے
اسی ایک پتھر میں یہ دفن ہے
کبھی ایسا لگتا ہے جیسے
میرا جسم بھی ابتدائی زمانے کا پتھر ہے کوئی
وہ پتھر کہ جس میں مری روح سمٹی ہوئی ہے
مری روح میں فائزا ہے

(فائزا/Fossil)

میں نے لکھا تھا مصحف اقبال توصیفی نئی حسیات اور نئی لمسی کیفیتوں کے شاعر ہیں، وہ حسیات اور وہ لمسی کیفیت کہ جن سے نئی شاعری میں نئی رومانیت جنم لے رہی ہے، ان کے شعری مجموعے "فائزا" (۱۹۷۷) "گمان کا صحرا" (۱۹۹۴) اور "دور کنارا" (۲۰۰۵) کے کلام سے میری بات بہت حد تک درست ثابت ہوتی ہے، "فائزا" میں 'فائزا' کا استعارہ اس عہد کے فرد کے باطن کی جس تصویر کو ابھار رہا ہے اس سے ایک عجیب پر اسرار سناٹے اور خاموشی کا احساس ملتا ہے جو گھٹن تھی وہ بھی ختم ہو چکی ہے، جسم میں روح اسی طرح سمٹی ہوئی ہے کہ جس طرح پتھر پر ابتدائی زمانے کے کسی جانور کا نقش چمٹا ہوتا ہے۔ صدیوں پرانے جانور کے نقش کی طرح صدیوں کے تجربوں سے آشنا روح دفن ہے۔ یہ اس دور کی شاعری کی نئی رومانیت ہے کہ جس کی معنی خیزی کا بیان آسان نہیں ہے اور جس کی پر اسرا جمالیاتی کیفیتیں سرور بخشتے ہوئے چبھنے لگتی ہیں۔ مصحف اقبال توصیفی نے "فائزا" کے پیش لفظ میں "فائزا" کے استعارے کی وضاحت اس طرح کی ہے:

"فائزا (Physa) ایک Fossil کا نام ہے، Fossils یا سنگوارے زندگی کے اُن ابتدائی Forms کی باقیات ہیں جو کروڑوں برس پہلے زمین پر بستے تھے اور پتھروں میں دب کر اُن پر اپنے حجرائے ہوئے نقوش چھوڑ گئے ہیں، وہ مختلف عناصر جو زیر زمیں، سطح زمین، اور خلائے بسیط میں وقت کے ایک وسیع Span پر کار فرما رہے ہیں ان Forms کے بتدریج ارتقا کا سبب بنے ہیں جس کی منتہیٰ موجودہ آدمی ہے"۔ (فائزا ص:۱۱)

اس گہری معنی خیز علامت سے شاعر نے زبان و مکاں میں اپنی بنیادوں (Roots) کو تلاش کرنے کی کوشش کی ہے، یہ ایک پر کشش علامتی عمل ہے۔ وقت کے پتھروں تلے دبے جانے کتنی صورتیں ہیں، جانے کتنے مناظر ہیں، جانے کتنی خوشبوؤں میں ماضی

اپنے جلال و جمال کو لیے جانے کتنی تاریک گہرائیوں میں ڈوبا ہوا ہے۔ شاعر کا مضطرب رومانی ذہن ماضی کے حسن و جمال تک پہنچا چاہتا ہے۔ یہ ذہن ماضی اور حال میں ایک رشتہ پیدا کرنا چاہتا ہے تاکہ زندگی کے طویل سفر کی پہچان ہو سکے، موجودہ زندگی کو نئی حرارت ملے، مصحف اقبال توصیفی کے ایسے تجربوں سے ان کی لمسی حسیاتی کیفیتوں کی پہچان ہوتی ہے۔

نظموں کو پڑھتے ہوئے اکثر محسوس ہوا کہ شاعر تلخ شیریں تجربوں کو سمیٹے اپنے باطن میں اُترا ہوا ہے، اس کی حسی لمسی کیفیتوں سے تجربوں کے مختلف رنگوں اور رنگوں کے مختلف 'شیڈس'(Shades) کی پہچان ہوتی ہے۔

ذات / باطن حسی تجربوں کا مرکز ہے۔ حسی تجربے مضطرب کرتے ہیں اور شاعری جنم لیتی ہے۔ کم سے کم وقت میں بات کہہ دی جاتی ہے، اختصار کا حسن لیے بات مکمل ہو جاتی ہے، حسی تجربے پھیلے ہوئے نہیں بلکہ گہرے ہوتے ہیں یہی وجہ ہے کہ نظم طویل نہیں مختصر ہوتی ہے، اختصار ہی حسی لمسی تجربوں کے اظہار کا سب سے بڑا وصف ہے۔ ایک خوبصورت مختصر نظم ہے "تنہائی" اس میں ساحل اور امواج بحر و طوفاں سے ایک تصویر ابھاری گئی ہے جو زندگی کی شکست و ریخت کا احساس دیتے ہوئے وجود کے استحکام کی جانب اشارہ کرتی ہے۔ مصحف اقبال توصیفی کی مختصر نظمیں شاعر کے حسی تجربوں کے اظہار کا عمدہ ذریعہ بن گئی ہیں "تنہائی" ان کی نظموں کا ایک مرکزی موضوع ہے۔ "ہمزاد" میں تنہائی کے ٹوٹے آئینے میں شاعر اپنا چہرہ دیکھ رہا ہے۔

یہ کون ہے، جس کو تک رہا ہوں
بوجھل ہیں نمی سے کس کی آنکھیں

بے رنگ، اتھاہ، یہ سمندر
بے نور، بجھی بجھی سی آنکھیں

جُز میرے یہاں کوئی نہ ہو گا
یا کون ہے غم گسار میرا
تنہائی کے ٹوٹے آئینے میں
میں دیکھ رہا ہوں اپنا چہرہ!

(ہمزاد)

شاعر کا مشاہدہ (Observation) بہت تیز ہے، چھوٹے بڑے تجربوں کی گہرائیوں میں اتر جانے کی کوشش ملتی ہے۔ "دفتر سے گھر تک"، "قید"، "وقت"، "رائگاں"، "کینچلی"، "انتظار" وغیرہ پہلے مجموعہ کلام "فائزا" کی عمدہ نظمیں میں 'بعض نظموں میں تحیر کی کیفیت متاثر کرتی ہے۔'انتظار" میں تحیّر کا حسن ہی متاثر کرتا ہے:

ہو بوڑھا۔۔۔۔۔ندی کے کنارے
یہی سوچتا تھا
"وہ کب آئے گی۔۔۔وہ کب آئے گی
یہی سوچتے سوچتے شام ہو جائے گی"
اسی دھیان میں رات ڈھلنے لگی
اسی فکر کا شور سورج کی تلوار سے کٹ کے
شبنم کا قطرہ بنا
بوڑھے گالوں پہ ٹھہرا نہیں

---ندی گنگنانے لگی
"وہ آنے لگی"

دوسرے لمحے
سرد، گہری، انوکھی سیہ، چپ
مرے جسم کو یخ زدہ کر گئی
خوف سے میری آنکھیں کھلی رہ گئیں
وہ بوڑھا
---ابھی تو یہیں تھا؟!

یہ ڈرامائی منظر شاعر کے تخیلی فکر کا عمدہ نمونہ ہے، تحیّر کا جمال متاثر کرتا ہے۔ 'ولیم ولسن' میں (ایڈگر ایلن پو کا ایک کردار) بھی تحیر کے جمال کی پہچان ہوتی ہے:

کیا خبر---اُس نے سنی
کچھ تو زنجیر میں جھنکار ہوئی
ورنہ وہ گہری سیہ خاموشی
میں نے کہا "تم---پھر---تہ---"
اور اک بجلی کا کوندا مری آواز سے پہلے لپکا

جانے وہ کون سا لمحہ تھا حرف
کوہ کو زیر زمیں کاٹ گئے
میرے قدموں تلے لاوا تھا، چٹانیں سر پر

میر اہم شکل، وہ دانا
کاغذی اس کا بدن، ناک ذرا پچکی ہوئی خون سے سرخ ایک پہاڑی ندی
جو اُسے لے کے نشیبوں کی طرف جاتی تھی
اور وہ چیخ
رات بھر
آسمانوں پہ جو منڈلاتی تھی!

مصحف اقبال توصیفی نئی شعر جمالیات کے ایک منفرد تخلیقی فنکار ہیں، نئی حسی کیفیتوں سے جس شعر جمالیات کی تشکیل ہو رہی ہے اس کے ایک ممتاز شاعر ہیں، بات کہنے کا انداز ان کا اپنا ہے۔ لمحوں کے تجربوں کے مختلف انداز طرح طرح سے ظاہر ہوئے ہیں، مثلاً ایک جگہ سچائی کا احساس اس طرح ملتا ہے:

کتنے دیپوں کا یہ سفر جو نیا، انوکھا، انجانا تھا
لیکن صبح کی کرنوں کے طوفاں کا کوئی ٹھکانا تھا
وقت کو کس نے روکا۔۔۔ وقت کو آخر جانا تھا!!
(وقت کو کس نے روکا)

اور دوسری جگہ لمحوں کا شعری تجربہ اس طرح ہے:

میں ایک نقطہ۔۔۔۔۔۔ اگر میں پھیلوں
تو دشتِ امکاں کی وسعتیں تک محیط کرلوں
یہ سب زماں و مکاں کی دولت
میں اپنی مٹھی میں بند کرلوں
(صفر)

مصحف اقبال توصیفی کے کلام میں وقت کے گزر جانے کا احساس اکثر بہت شدید ہو جاتا ہے۔ انہیں خود اس بات کا احساس ہے:

"زندگی، خلا میں گھومتے ہوئے ایک نقطے کی طرح ہے ایک جلتا بجھتا ستارہ۔ یہ نقطہ یہ وقفہ اس قدر مختصر ہے کہ اسے طول دینے کی ساری کوششیں بڑی عجیب لگتی ہیں"

(پیش لفظ۔ گماں کا صحرا)

"گزرتے ہوئے وقت کو روکنے کی (کوشش ناتواں) لیکن وقت کو کس نے روکا؟ آسمان پر وہ نقطہ جو میں ہوں تنہا نہیں، ایسے ہزاروں نقطے ہیں جو مل کر وقت کی ایک لکیر بن جاتے ہیں" (ایضاً)

ابھی جی بھر کر حسن کو دیکھا بھی نہیں پوری چاہت کا اظہار بھی نہیں کیا کہ وقت گزر گیا۔

تجھ سے جانے کتنی باتیں کرنی تھیں
تیرے بالوں کی اک لٹ کو
تیرے ہونٹوں، پھر اپنے ہونٹوں تک لانا تھا
تیرے سرہانے
اَن دیکھے خوابوں کی قطاریں
تیری آنکھوں کے ساگر میں نیندوں کی کشتی
میں تیرا مانجھی۔۔
کتنے دیپوں کا یہ سفر جو نیا، انوکھا، انجانا تھا
لیکن صبح کی کرنوں کے طوفاں کا کوئی ٹھکانا تھا
وقت کو کس نے روکا۔۔۔ وقت کو آخر جانا تھا!!

(وقت کو کس نے روکا)

وہ جو اک حساب کی تھی گھڑی
وہ گھڑی تو کب کی گزر گئی
وہ جو درد تھا ترے ہجر کا
جو مہک رہا ہے ہواؤں میں
وہ جو چاند تھا ترے وصل کا
جو مرے بدن کی گپھاؤں میں
میری روح تک میں اتر گیا
وہ جمال تھا۔ تری آنکھ کا
کہ ان آنسوؤں کی نمی تھی وہ
کہ رگِ گُلو کا تھا وہ لہو
وہ جو ابر ابر برس گیا
مرا زخم زخم نہا گیا
مری کشتِ جاں بھی ہری ہوئی
وہ جو ایک حساب کی تھی گھڑی
وہ گھڑی تو کب کی گزر گئی!

(ایک نظم۔ گماں کا صحرا)

جدید شاعری میں وقت کے المیہ کا مطالعہ ہو گا تو یہ نظمیں نظر انداز نہیں ہوں گی۔ ایسی نظموں میں ماضی کی رومانیت کا چھلکتا ہوا رس بھی ہے اور وقت کے المیے کا شدید احساس بھی۔

مصحف اقبال توصیفی غزل کے بھی بہت اچھے شاعر ہیں۔ ان کے یہ اشعار توجہ چاہتے ہیں:

کیا پتھر کی بھاری سل ہے، ایک اک لمحہ ماضی کا
دیکھو دب کے رہ جاؤ گے اتنا بوجھ اٹھانے میں

میں کب سے اپنے چاہنے والوں میں قید ہوں
سب کی زباں کو میرے لہو کا میرے لہو کا مزہ لگا

میرے بدن پہ ہو گی ہزاروں برس کی گرد
آنکھوں ہی میں چھپی ہوئی صدیوں کی پیاس تھی

(فائزا)

اک عمر ہو گی مجھے خود سے ملے ہوئے
جیسے مجھے اب اپنی ضرورت نہیں رہی

میں قیدی جسم و جاں ، کون مکاں کا
زمیں آکاش اور پاتال اس کے

(گماں کا صحرا)

اس نے سنایا ہم کو اپنے دل کا قصہ آج عجیب
ہم جس کو پتھر کہتے تھے، کیسا دھڑکا آج عجیب
دن میں جانے کب گھس آیا صحرا میرے کمرے میں
دفتر سے لوٹے تو دیکھا گھر کا نقشہ آج عجیب

گہری نیلی جھیل بنائیں آنسو کی دیوار اٹھائیں

لب پتھر ہیں اور لہو میں لفظوں کی یہ سائیں سائیں

کبھی ذرہ کبھی صحرا ہوں میں

اپنی ہی آنکھ کا دھوکا ہوں میں

مصحف اقبال توصیفی کا کلام نئی شاعری کی رومانیت کی ان جہتوں کی نمائندگی کرتا ہے کہ جن میں روح یا باطن کے ارتعاشات (Vibrations) اہمیت رکھتے ہیں۔ یہ ارتعاشات اس عہد کا ردعمل ہیں، شعور، انتشارِ زندگی سے متاثر ہوتا ہے تو بڑی گھٹن پیدا ہوتی ہے، شعری تجربے باطن سے زندگی کے انتشار اور فرد کی گھٹن کے ارتعاشات کو طرح طرح سے نمایاں کرتے ہیں ، کبھی ان کا آہنگ متاثر کرتا ہے اور کبھی Soundless Sound کا تاثر ملتا ہے جسے ہندوستانی جمالیات نے "اجاپ"(Ajapa) کہا ہے، "یہ بے آواز" آواز احساس اور جذبے کو چھو لیتی ہے۔

"دور کنارا" میں "تم کہتے ہو ------"، "درد کا نام پتہ مت پوچھ"، "نیم دائرے"، "میں یہ چاہتا ہوں"، "دکھ کا امرت"، "ایک نظم ------ تمہارے نام" وغیرہ ایسی نظمیں ہیں جن میں اس قسم کے شعری تجربے ملتے ہیں:

تم کہتے ہو تو مان گے
ورنہ ہم نے یہ دیکھا ہے
کوئی دکھ ہو، کوئی راحت ہو
کوئی پیماں، کوئی چاہت ہو
ہم نے دیکھا ہم اپنے ہی
اشکوں سے جل تھل ہوتے ہیں
کوئی لاش ہو بیتے لمحوں کو

اپنے کاندھے شل ہوتے ہیں

(تم کہتے ہو۔۔۔۔۔۔)

ہزار لاکھ کروڑوں برس میں بکھرا وقت
زمیں کے گزرے ہوئے کَل کا ایک حصہ ہے
زمیں کے گزرے ہوئے کَل میں میرا کل بھی ہے
مرے لہو کے بھی سکّے ہیں اُن خزانوں میں
زمیں نے جن کو لُٹایا ہے آسمانوں میں
وہ ننھے ننھے ستاروں کے ٹمٹماتے چراغ
جو میرے اشکوں سے تابندہ ہیں۔۔۔وہ گول سا چاند
وہ چرخہ کاتتی بڑھیا جو اس میں بیٹھی ہے
وہ میری ماں کی طرح ہے۔۔۔وہ میری بیٹی ہے!!

(نیم دائرے)

ہم وہ دیوتا ہیں
جنہوں نے خوابوں کے منتھن کے بعد
دکھ کا امرت پیا ہے
دکھ جو وشال ہے
جس کا سمے سے کوئی رشتہ نہیں
یہ کیسا دکھ ہے
کیسا امرت؟
یہ ہم نے تم سے کیا مانگ لیا

نارائن ! نارائن !!

(دکھ کا امرت)

مصحف اقبال توصیفی کا کلام پڑھتے ہوئے محسوس ہوا جیسے شاعر میں جو تخلیقی صلاحیتیں ہیں ان کا اظہار ہونا ابھی اور باقی ہے۔ ذات اور معاشرے کے پیتھوس (Pathos) کی اس میلوڈی کا انتظار کر رہا ہوں جس سے زیادہ سے زیادہ جمالیاتی انبساط حاصل ہو۔ مجھے یقین ہے مایوسی نہیں ہو گی۔

شاعر کے چند خوبصورت اشعار سنیئے:

یہ کب سے نہیں روئیں یہ کب سین ہیں سوئیں
ان جاگتی آنکھوں پر تم ہاتھ ذرا رکھنا

وہ چاند جو تکتا ہے کھڑکی کی سلاخوں سے
دروازے سے آئے گا، دروازہ کھلا رکھنا

اُس گھر کے دیوار و در سے جانے کیسا رشتہ تھا
گھوم گھوم کر ہم نے دیکھا دروازوں پر تالے تھے

نظر میں رہے خوش لباس اور بھی
مگر ایک رنگِ بدن بھی تو ہے

(دور کنارا)

مصحف اقبال توصیفی کی شاعری حسی، لمسی، کیفیتوں کی خوبصورت شاعری ہے۔

(۴) کچھ دیر مصحف اقبال توصیفی کی نظموں کے ساتھ

رفعت سروش

اور جب فنون لطیفہ کی تقسیم ہونے لگی تو سب سے پہلے کسی سُر کے رسیانے بڑھ کر موسیقی کو اپنی سانسوں میں بسالیا۔ ہوا اور پانی کی طرح تھرکنے والے نے رقص کا اپنا لیا۔ آسمان پر رنگوں کی بہار دیکھ کر ایک شخص نے پتھروں اور مٹی کے تودوں پر رنگ برنگی لکیریں کھینچنی شروع کیں اور مصوری پر اختیار جما لیا۔ اب رہ گئے ہوا میں اڑنے والے پرندوں کے چہچہے۔ ان کی بولیوں سے جس نے لفظ بنائے اس کے زیر نگیں ہو گئی شاعری۔ شاعری کی ہمہ گیریت کا یہ عالم ہوا کہ اس میں موسیقی کی لے، رقص کے حسن اور مصوری کی رنگ آمیزی نے مل کر اس لطیف فن کو حسین ترین اور وجد آفریں بنا دیا۔ شاعری کی بدولت لفظ کی توقیر بڑھی۔ لفظ تہذیب ہے، لفظ معتبر ذریعۂ اظہار ہے۔

ہزاروں سال سے مورخ لفظ کی عظمت کے گن گاتے رہے ہیں، مگر لفظ کو شاعر جس احتیاط سے چھوا ہے اس سے لفظ کا تقدس بڑھ جاتا ہے۔ شاعر کہتا ہے:

"میں چاہتا ہوں
ہم لفظ کو خوشبو کی طرح سونگھیں
جیسے پرانے کپڑوں میں کسی رفیق بدن کی مہک
لفظ کو کھولیں
جیسے نومولود بچہ آنکھیں کھولتا ہو

لفظ کو چومیں

جیسے مدر ٹریسا کے ہاتھ "

لفظ شاعر کا وسیلۂ اظہار ہے اور اسے کسی قیمت پر لفظ کی تذلیل گوارا نہیں۔ لفظ کی عظمت کا اظہار کرنے والے یہ شاعر ہیں مصحف اقبال توصیفی۔ جو آج کے کثیف ماحول میں لفظ کی حرمت کو بچانا چاہتے ہیں (اور ان کی اس آواز میں دنیا کے لاکھوں شاعروں کی آرزو شامل ہے) لفظ جہاں جہاں بستا ہے مثلاً شہروں میں ، جنگلوں میں ، باغوں میں ، صحراؤں میں۔ اسے وہاں عزت سے رہنے دیں جب تک ماحول ساز گار نہ ہو جائے:

"تو ایسا کریں

آؤ شہر کی سڑکیں دھوئیں

نئے جنگل اگائیں

لفظ جس شاخ پر جس رنگ میں بیٹھا ہے

اسے وہیں بیٹھا رہنے دیں"

گویا مقصد ہے لفظ کی طہارت ، شاعری کو آلودگی سے بچانا ، اسے علمی اور لطیف ماحول میں پنپنے کا موقع دینا۔ اسے مصنوعی اداروں مثلاً سیاست اور صارفیت سے بچانا، اسے پارٹی بازی اور گروہ بندی سے دور رکھنا اور اسے انسانیت کے لطیف رشتوں ، ہمدردی، مروت اور محبت کے رنگ و آہنگ سے مزین کرنا۔۔۔۔۔ مصحف اقبال توصیفی کی نظمیں بیانیہ نہیں ہیں قافیہ پیمائی اور لفظوں کے جلال اور ادق ترکیبوں کا مجموعہ نہیں ہیں بلکہ ان کی بیش تر نظمیں تجریدی ہیں۔ لفظوں کو رنگوں اور رنگوں کو لفظوں میں ڈھالنے کا فن ان کی نظموں کی پہچان ہے۔ نفس مضمون لفظوں کے بین السطور میں ہے اور قاری بہ قدر ذوق سخن شناسی ہی ان سے محظوظ ہو سکتا ہے۔ یہ نظمیں اچھے فن پارے

کی طرح محسوس کی جاسکتی ہیں:

"صبح دم
خاک پر کچھ دبے، کچھ کھلے
زرد پتوں سے لپٹے ہوئے
میری نظموں کے دو چار کاغذ
ہوا تیز ہو گی تو اڑ جائیں گے"

(انجام)

یہاں "ہوا تیز ہو گی" نظم کی تفہیم کی کلید ہے۔ آج ہمارے ادب میں بہت تیز ہوائیں چل رہی ہیں۔ ادب کو سیاست کی کسوٹی پر پرکھا جاتا ہے۔ مقصدیت کی ترازو میں تولا جاتا ہے۔ "تنقید برائے تنقید" سے نشتر زنی کی جاتی ہے۔ ہمارے شاعر کی شاعری اس رویے کی متحمل نہیں۔ یہ تو احساس کی وہ کونپلیں ہیں جو شاعر کے ذہن سے پھوٹی ہیں وہ تو نیچر کا عاشق ہے اور اپنی ورق ورق شاعری کا باغ کے پیڑوں کے پتوں سے موازنہ کرتا ہے تو کہہ اٹھتا ہے:

"میں جس لفظ پہ نظریں ڈلوں آگے سرکا جائے ہے
پیچھے پیڑ کا پتہ پتہ کھلی ہوا سے رہ رہ کر
کہتا ہے وہ بات نہیں جو میری کھلی کتابوں میں"

(ان کہی)

شاعر لفظ اور شاعری کی لطافت کا اتنا خیال رکھتا ہے کہ وہ اپنے الفاظ کو گیر ضروری باتیں کرنے کے لیے استعمال کر ہی نہیں سکتا۔ ہاں ان لطیف لفظوں کو وہ اپنے محبوب سے گفتگو اور سرگوشی کے لیے استعمال کرتا ہے:

"کسی آنے والے مسرت کے احساس میں کوئی کھوئی سی
تم آج کتنی حسین لگ رہی ہو
خدا وہ بھی دن لائے گا جب یہ احساس ہر دل کی
دھڑکن بنے گا
وہ دھڑکن جو پائل کی چھم چھم میں ڈھل کر
تمہارے پاؤں کے گرد ناچا کرے گی

نظم کے اس ٹکرے کو کسی کہانی یا مثنوی کا سرنامہ سمجھنا غلط ہو گا کیوں کہ یہ حساب کا سوال نہیں ہے مصرعوں کے بیچ جو معانی کا فصل ہے وہی نظم کی خوبی ہے۔ وہی پڑھنے والے کے ذہن کو جھنجھوڑتی ہے۔ پائل کی چھم چھم استعارہ ہے غم کی دنیا سے بے نیازی کا۔ اور اس چھنا چھن سے وادیِ حیات مسرت کے نورانی نغموں سے بھر جاتی ہے مگر شاعر زندگی کے تلخ حقائق سے بھی بے خبر نہیں ہے اور یہ تلخ ذائق دور سے آتی ہوئی بانسری کی دل سوز آواز میں ڈھل جاتا ہے۔۔۔' بہ ظہار پائل کی چھم چھم اور بانسری کی آواز میں کوئی ربط نظر نہیں آتا مگر یہ دونوں آوازیں خوشی اور غم کی آوازیں ہیں جن سے زندگی عبارت ہے:

" کبھی نور و نغمہ کی ان وادیوں میں
کوئی دکھ بھری تان سننے میں آئے
تو پیچھے پہاڑوں کی ان چوٹیوں کی طرف دیکھ لینا
وہاں کون ہے
کیوں کہ کسی بانسری کی بھٹکتی صدا بن گیا ہے
(دور کی آواز)

سرگوشی کی کیفیت کو شاعر نے کس خوبصورت لفظی پیکر میں دکھایا ہے

"تیرے ہونٹوں سے مرے کانوں تک
بول ملبوس ہوئے
کان پردہ ہوئے دیوار ہوئے
بات کے جسم کو عریاں نہیں دیکھا میں نے"

ایک ہی مصرع مکمل نظم ہے۔ سرگوشی کی بھرپور کیفیت اپنے دامن میں سمیٹے ہوئے۔

"بات کے جسم کو عریاں نہیں دیکھا میں نے"

یہ مصرع رقم کرتے ہوئے میرے ذہن میں شاعر مصحف اقبال توصیفی کی نستعلیق شخصیت کی تصویر ابھر آئی۔ ایسا فطری انداز جسے انجان آدمی "تکلف" سے تعبیر کرے۔ آواز ایسی جیسے موم کے ہونٹوں سے بول رہے ہوں۔ ترسیل کا خواب آگیں انداز۔ بے حد موثر۔ لفظوں میں احتیاط، لہجہ میں لوچ اور سوچ۔ ان سے گفتگو کر کے مجھے واقعی محسوس ہوا۔

"بات کے جسم کو عریاں نہیں دیکھا میں نے"

اب اس کو عریانی تو نہیں کہیں گے کہ (شاید) بیگم سے اسی شائستہ لہجے میں گفتگو کر رہے ہیں:

"تم میرے کرتے میں
ٹوٹے بٹنوں کو ٹانک رہی ہو
تم نے اپنی انگلی میں

دیکھو سوئی چبھو لی
اک قطرہِ، وہ خوں کا
جو پوروں میں پھیل گیا ہے
اک قطرہ وہ خوں کا'۔
جو میرے دل میں باقی ہے
میرے پاگل خوابوں سے
ہولی کھیل رہا ہے"
(پھاگ)

محبت کا کتنا خوبصورت اظہار ہے اس نظم میں۔ عام طور پر لوگ بھاری بھر کم گفتگو کرتے ہیں۔ مصحف اقبال توصیفی شاعری میں مصوری کرتے ہیں۔

لکڑیاں گیلی ہیں دھیمی آنچ میں
اس کے چہرے پر پسینے کی چمکتی بوندیاں
گیلا آٹا، ضدی پلو، آنکھ میں آنسو، دھواں
ایک لٹ بالوں کی جھک کر
اس کے رخساروں سے کہہ جاتی ہے جب باتیں کئی
سر جھٹکتی ہے تو گر جاتی ہے کوئی اور لٹ
چوم لیتی ہے لویں کانوں کی کوئی اور بات
(متوسط طبقہ)

دفتر سے گھر آتے ہیں تو بیوی کے خیال میں کھوئے ہوئے اور واپسی پر کیا خوبصورت

تجربہ:

اک شکایت کی طرح باندھ لیا
میری بانہوں کو اپنے جسم کے گرد
چھین کر میرے منھ سے سگریٹ کو
(دفتر سے گھر تک)

گھریلو زندگی کی یہ خوبصورت تصویریں۔ بہت پاکیزہ رومانس سے بھرپور، پڑھنے میں معمولی لگتی ہیں مگر جس معصومیت سے توصیفی صاحب نے ان کا ذکر کیا ہے وہ بہت مشکل ہے کبھی کبھی محسوس ہوتا ہے کہ یہ لفظ نہیں ہیں بلکہ "احساس" ہیں جنھیں لفظوں میں مصور کر دیا گیا ہے۔ اگر وہ منتشر ہوتے تو ایک نگار خانہ بن جاتا، تجریدی آرٹ کے نمونے ایسے کئی ان کی کتاب کے اوراق پر بکھرے ہوئے ہیں:

صبح نے آئینے پر
میری لاش کے ٹکڑے جوڑے
افواہوں کی مانند مجھے
گھر دفتر ملنے جلنے والوں میں گشت کرایا
فٹ پاتھوں پر
میرے چلنے پھرنے، ہنسنے باتیں کرنے کی
مووی تصویریں دکھائیں

یہ تصویر شاعر کے منتشر ذہن کی تصویر ہے۔ اور یہ انتشار شاید انتھک محبت کے باعث، بے حد خود سپردگی کے باعث ہوا، وہ دوسرا کردار جو شاعر کے "میں" کے ساتھ ساتھ چل رہا ہے اس پر حاوی ہے۔ اس لیے اس کے اشعار میں جھلاہٹ سر اٹھانے لگی ہے:

"یہ زندگی عجیب خواہشوں کا نام ہے
میں اس کے جسم کے حسیں طلسم میں اسیر تھا
میں نے اس کی خواب گاہ سے نکل کے آئینے پہ جب نگاہ کی
میری آدھی عمر کٹ چکی تھی"
(یہ جھوٹ ہے)
ہماری ملاقات جسموں سے شروع ہوئی
پھر ہم نے جسموں کے آگے بہت سی باتیں دریافت کیں
دکھ سکھ کی بستی میں
ایک چھوٹا سا گھر بنایا
ناریل کے درختوں کے درمیان
مغربی ساحل پر
تم جو مجھے اتنا چاہتی ہو
یہ کیسی خواہش ہے
کہ میں شیشے کی طرح نازک بن جاؤں
ڈرائنگ روم کا ایک کونہ
(ایک گھر)

اور حسین جسم کے طلسم سے نکل کر جب مصحف اقبال توصیفی کی نظموں کا "میں" کسی انجانی اور ملکوتی آواز کی آہٹ محسوس کرتا ہے تو وہ گوش بر آواز ہو جاتا ہے۔ یہ عرفانِ ذات کی منزل کا پہلا قدم ہے۔ وہ اس آواز کو سننا چاہتا ہے اسے اپنی رگ رگ میں تحلیل کرنا چاہتا ہے۔ یہ سحر انگیز روشنی اسے ایک نئے سفر کی خبر دیتی ہے۔ یہ جسم سے

روح کی طرف سفر ہے۔ وہ آواز جو دراصل اس کے درون سے طلوع ہوئی ہے اسے دور، بہت دور کی آواز تصور کرتا ہے اور پکار اٹھتا ہے:

مجھے صدا دے
کبھی مجھے اتنی دور سے صدا دے
کہ تیری آواز کے تعاقب میں گھر سے نکلوں
تو جنگلوں، وادیوں، پہاڑوں کا کارواں میرے ساتھ نکلے
ہزار سمتوں کے ہاتھ میں ساعتوں کے نیزے
جو میری آنکھوں میں بازوؤں میں گڑے ہوئے ہیں
ٹٹول کر اپنے جسم آنکھوں سے ایک ایک نیزہ نکال دوں میں
دہکتے سورج کی سرخ بھٹی میں ڈال دوں میں
کبھی مجھے اتنی پاس سے صدا دے
کہ تیری آواز مجھ میں پیدا ہو
مجھ سے ٹکرائے مجھ میں ٹوٹے
میں تیری آواز کے جزیرے میں قید ہو جاؤں
کبھی میں تجھ کو ہی قید کر لوں
ترے سمندر کو اپنے پیاسے بدن میں بھر لوں
(مجھے صدا دے)

یہ نظم مصحف اقبال توصیفی کی شاعری اور شخصیت کی تفہیم کی کلیدی حیثیت رکھتی ہے۔

یہ "من تو شدم تو من شدی" کی منزل ہے

اور شاعر کی یہ چھلانگ اس کو کہاں سے کہاں لے جاتی ہے اور کن کن مقامات کی سیر کراتی ہے۔ اس کا اظہار بھی کسی مرتب اور مربوط افسانے کی طرح نہیں بلکہ نقطوں زاویوں اور جلتی بجھتی روشنیوں کے انداز سے ہوتا ہے اور یہ نقطے اور رنگ صاحبِ ذوق کی نظر کے منتظر ہیں۔ ان کی نظم "جزیروں کے سلسلے" ایسے ہی نقطوں اور رنگوں کی فضا سے متعارف کراتی ہے:

جزیروں کے سلسلے
جیسے سرخ گہرا کھولتا ہوا غم
زمین کی دراڑیں ڈھونڈ لے
جزیروں کے سلسلے
لہو کے منجمد قطرے ہیں
پتھروں کے ٹکڑے
جو آنکھیں کھول کر مجھے دیکھتے ہیں
پہچان نہیں سکتے
جزیروں کے سلسلے / سمندر کے آنسو ہیں
جو بوڑھے گالوں سے ڈھلک کر / سفید داڑھی میں لرز رہے ہیں
میں بھی تو بہت بوڑھا ہو گیا ہوں
وہ ڈوبتا ہوا سورج دیکھو میں ہی ہوں
خدارا مجھے اپنی شاموں کے منظر میں قید مت کرو
مجھے جانے دو!!
(جزیروں کے سلسلے)

اور وہ "میں "خود شناسی کی کوشش کرتا ہے، مظاہر فطرت میں خود کو موجود محسوس کرتا ہے۔ ان آئینوں میں اپنی تصویر دیکھتا ہے۔ اپنے وجود کی رمزیت کو زماں و مکاں کی لامتناہیت میں دیکھتا ہے اور آخر کار اس پر آشکارا ہوتا ہے کہ وہ ایک نقطہ ہے جسے بالآخر عدم میں ضم ہونا ہے، اثبات سے نفی تک کا سفر:

میں ایک نقطہ ہوں
اک ستارہ
جو تیری پلکوں کے آسمان پر
نہ جانے کب سے لرز رہا ہوں
میں ایک قطرہ
سمندروں کی بکھرتی موجوں کی ڈور میں
جانے کتنے موتی پرو گیا ہوں
میں ایک ذرہ
مگر یہ دھرتی، یہ چاند تارے
میں جن کا محور بنا ہوا ہوں
جو میری سمتوں میں بٹ گئے ہیں

میں ایک نقطہ
اگر میں پھیلوں
تو دشتِ امکاں کی وسعتیں تک محیط کر لوں
یہ سب زماں و مکاں کی دولت

میں اپنی مٹھی میں بند کرلوں

(صفر)

یہ نظم انسان کی زندگی کا استعارہ ہے۔ یہ صفر ہزار کشاکش حیات کے باوجود روزِ ازل سے آج تک اپنی حیثیت منوائے ہوئے ہے۔ جب وہ پھیلتا ہے تو وجود کی تمام وسعتیں، تمام رنگینیاں اور تمام سرگرمیاں اس کے دائرے میں محیط ہو جاتی ہیں۔

زمان و مکاں کی دولت کو مٹھی میں بند کرلیتے کا مطلب مادی عیش و عشرت ہرگز نہیں بلکہ اس "میں" کا ہر قدم دائمی سکون کی منزل کی طرف اٹھتا ہے۔ ہر حرف روحانیت کا احساس دلاتا ہے۔ کتنی سرشاری ہے "شبِ یلدا" کے ان مصرعوں میں۔

عجیب رات تھی

روشنی کی اک دراڑ میرا جسم چیر کر

شکن شکن مرا لباس نیند کی ردا، پلنگ، کرسیاں

خواب گھر کے فرش کو دو نیم کر گئی

میں تیری روشنی میں سر بسر نہا گیا

مرے خدا

میں آگیا

مصحف اقبال توصیفی کی ایک عجیب و غریب نظم ہے جو پوری انسانی زندگی کا اور تہذیب و تمدن کے تمام ادوار کا احاطہ کرتی ہے جو انسان کی ترقی سے عبارت ہیں صدیوں کے اس سفر کے بعد آخر کار اسے عدم کے پل کے نیچے سے گزرنا پڑے گا۔ اتنے بڑے کینوس پر پھیلی ہوئی نظم اور چند مصروعوں پر محیط۔ اس کی شعری جمالیات کو محسوس کیا جا سکتا ہے کیوں کہ ایسے شہ پاروں کی تفسیر ان کا منھ چڑاتی ہے۔

جانے کتنی صدیوں سے
سورج سے منھ پھیرے
میں اک آنکھ سے سوتا تھا
اور اک آنکھ سے جاگ رہا تھا
اک محور پر اپنے آگے
اپنے پیچھے بھاگ رہا تھا

آج کوئی بوڑھے ہاتھوں سے
میری تھکی پلکوں پر
شبنم کی چادر رکھے گا
میری لاش لیے کشتی پر
پل کے نیچے سے گذرے گا
(پل کے نیچے)

مصحف کی نظموں میں ایک ایسا کردار ہے جو موجودہ دور کی منقلب زندگی کا استعارہ ہے ، معصومیت، محبت ، گم ، مسرت ، جدوجہد، کامیابی ، ناکامی۔ اور ایک انجانی منزل کی طرف سفر۔ کیا کچھ نہیں اس کردار میں۔۔۔ "تاریک ستارہ" ایک ایسی ہی نظم ہے جو سفر حیات کی جھلکیاں دکھلاتی ہوئی زندگی کے زرد پتوں کی طرح بکھر جانے کا منظر پیش کرتی ہے:

زرد پتوں کی طرح
رات کی شاخ سے ٹوٹے ہوئے کچھ خواب میر

سرد، تاریک ہواؤں میں انہیں بہنے دو
یہ خد و خال مرے
اپنی پہچان کو ترسے ہیں بہت
اور کچھ دیر مرے
عکس کا زخم انہیں سہنے دو
شور کیسا ہے یہ خاموشی کا
میری آواز کا ماتم ہے کہیں
میری آنکھوں پہ یہ مٹی کی تہیں رہنے دو"
(تاریک ستارہ)

شاعر کی اس نوع کی نظموں میں سکون کتنا ہے۔ دنیا سے کوئی گلہ، شکوہ نہیں۔ زندگی سے کوئی شکایت نہیں اور یہ ان کی پاکیزگی نفس اور روحانی قوت کی دلیل ہے۔

مصحف اقبال توصیفی بہت کم کہتے ہیں، ان کا پہلا مجموعہ کلام "فائزہ" ۱۹۷۷ء میں شائع ہوا۔ دوسرا "گماں کا صحرا" ۱۹۹۴ء میں اور تیسرا "دور کنارا" ۲۰۰۵ء میں۔ ان تینوں مجموعوں پر ان کی تصویریں ان کے مزاج کی کیفیات بیان کرتی ہیں۔ "فائزا" کی پشت پر ایک خوبصورت نوجوان اپنی کشادہ پیشانی اور ذہین آنکھوں کے ساتھ جلوہ گر ہے۔ چہرے مہرے اور لباس سے فلمی ہیرو سے کم نظر نہیں آرہے ہیں۔ دوسرے مجموعے میں شاعر کے سامنے کے بال سفید ہو گئے ہیں اور آنکھوں پر دبیز چشمہ لگ گیا ہے۔ جو ان کی ذہانت میں اضافہ کرتا ہے، تیسری تصویر۔ شاعر کے بال چاندی کے، نازک سا چشمہ اور چہرے پر سفید مختصر سی داڑھی اور مونچھیں۔ میں نے چند ماہ پیش تر اُن

کو اسی حلئے میں دیکھا اور ان کی جاذبِ نظر شخصیت سے متاثر ہوا۔ سعودی عرب میں دس روز ان کا ساتھ رہا نشست و برخاست میں شائستگی، گفتگو میں علمیت اور ہم چشموں کے ساتھ بے حد خلوص۔ جو ملائمت اور شگفتگی ان کے لہجے میں ہے وہی ان کی شاعری میں ہے۔ میں نے ان کی غزلوں سے قطع نظر ان کی نظموں کا ہی مطالعہ کیا ہے۔ بھاری بھر کم الفاظ تو انھوں نے اپنی نظموں میں کہیں استعمال نہیں کیے۔ اس لیے تصنع کا تو کہیں شائبہ ہی نہیں۔ مقفیٰ اور مسجّع شاعری نہیں بلکہ پڑھتے وقت احساس بھی نہیں ہوتا کہ آزاد نظم ہے یا نثری نظم۔ کیوں کہ ان میں امتیازی صفت شعریت ہے، ہر لفظ احساس کو چھوتا ہے اور ہر سطر معنی آفرینی کرتی ہے۔ وقت کے ساتھ ان نظموں میں اظہار کی پیچیدگی کے بجائے سادگی و پرکاری زیادہ محسوس ہوتی ہے۔ "دور کنارا" کی پہلی ہی نظم بڑی بے ساختہ ہے:

کتنا اچھا لگتا ہے
گھاس پہ پاؤں رکھنا
بھورے بادل
ہلکی بارش
اڑتے اڑتے چڑیوں کا اک شاخ پہ رک جانا
کتنا اچھا لگتا ہے
(گھاس پہ پاؤں رکھنا)

گھاس پر پاؤں رکھنے سے جس ٹھنڈک اور سکون کا احساس ہوتا ہے وہ زندگی کیلیے بے حد ضروری ہے۔ مناظر قدرت میں برف بھی سکون کی علامت ہے۔ درد کی تکلیف کی شدت کو کم کرنے کے لیے شاعر نے برف کو بہ طور استعارہ استعمال کیا ہے اور کم سے کم

مجھے یہ مصرعے پڑھتے ہوئے درد تحلیل ہوتا ہوا محسوس ہوا:

درد کا نام پر مت پوچھو
درد اک خیمۂ افلاک
اس اقلیم پہ ہے سایہ کناں (تم اسے قطب شمالی کہہ لو)
تم جدھر آنکھ اٹھا کر دیکھو
برف ہی برف ہے
اور رات ہی رات
(درد کا نام پتہ مت پوچھو)

"سچ کا پیالہ" ایک بہت ہی خوبصورت نظم ہے۔ طنز کی لطافت سے بھرپور اور تکنیک کے اعتبار سے اچھوتی۔ سچ کی ارزانی کو اس انداز سے پیش کیا گیا ہے کہ جھوٹ اس سے بہتر لگنے لگا ہے:

ہم نے سچ کو اتنا توڑا، اتنا کھینچا
اپنی انگلی میں پہنا (جیسے نگیں ہو)
بیوی کے جوڑے میں باندھا (پھول ہو کوئی)
کھٹ کھٹ کھٹ کھٹ
کھٹ کھٹ کھٹ
ٹک ٹک ٹک
ہم نے لمحوں صدیوں
جھوٹ کے آہن اوزاروں سے
سچ کا اتنا پیٹا

(شاہوں کی خلعت کے شایاں)

چاندی

اور سونے کے تار بنے

پیلے پھول

روپہلی کرنیں

دن اور رات بنے

اک دن اپنے گھر سے باہر نکلے تو دیکھا

ہر نکڑ پر

بس کے کیو میں

رشی، منی، اوتار کھڑے

سچ کا پیالہ ہاتھ میں تھامے

ریستورانوں، کافی ہاؤس

ہر پَب میں سقراط ملے

(سچ کا پیالہ)

اتنی سہل ممتنع نظم کہنا قادر الکلامی دلیل ہے۔ یہ کمال شاعری عمر بھر کی ریاضت سے ہی آتا ہے۔

آج کے مشینی دور میں ظاہری چمک دمک کی بہت اہمیت ہے۔ سماجی رشتوں اور تعلقات پر بھی اس تصنع کی چھاپ ہے اور اس سج دھج میں انسان کی ذات اور اس کا سارا احترام تصنع کے دبیز پردوں کے پیچھے چھپ گیا ہے۔ آدمی اپنی ذہانت سے نہیں، اپنی کرسی اور لباس اور رہن سہن کے ٹھاٹھ باٹھ سے پہچانا جاتا ہے۔ اس سماجی المیے کو مصحف

اقبال توصیفی نے ایک بہت ہی سادہ مگر تہہ در تہہ معانی کی حامل نظم میں بیان کیا ہے۔ یہ تصنع اسے اپنے آپ سے بھی "اجنبی" بنا دیتا ہے اور وہ وقت بھی آتا ہے جب اس "تصنع" کے بغیر وہ اپنے آپ کو بھی نہیں پہچان پاتا۔

دن بھر لوگ مرے
کپڑوں سے ملتے ہیں
میری ٹوپی سے
ہاتھ ملا کر ہنستے ہیں
میرے جوتے پہن کے میری
سانسوں پر چلتے ہیں
(اپنے آپ سے کب بچھڑا تھا)
دن کے اس انبوہ میں مجھ کو
کچھ بھی یاد نہیں آتا
رات کو اپنے ننگے جسم کے بستر پر
نیند نہیں آتی
(اجنبی)

نظم پڑھ کر جو اثر ذہن پر مرتب ہوا ہے اس کے بعد اس نظم کے بارے میں کچھ اور کہنا اس نظم کی شان میں گستاخی ہو گی۔

انسان کی زندگی بھی عجیب ہے۔ کہنے کو تو اسے ایک ذرا سی جگہ رہنے کے لیے کافی ہے، مگر دست و پا اور شکم کے علاوہ اس کے پاس ایک عجیب مشین ہے۔ دماغ۔ یہ دماغ اسے زمان و مکاں کی سیر کراتا ہے اور اسے باور کراتا ہے کہ یہ دنیا تیری ہے۔ یہ چاند،

ستارے اور اس کہکشاں کے علاوہ ور کہکشاں اور سورج اور چاند اور ستارے اور دیکھی ان دیکھی دنیائیں ہیں اور ان کے وجود کے احساس کے ساتھ اس کے دماغ میں اس پوری کائنات بلکہ کائناتوں کو اپنے دامن میں سمیٹنے کی ہوس جاگتی ہے۔ یہ ہوس اسے تجسس کے راستوں پر گامزن کرتی ہے۔ مگر ایک اور قوت ہے۔ وہ قوت جس نے انسان کو بھی پیدا کیا ہے اور اس کائنات کو بھی۔ وہ قوت اگر توازن پیدا نہ کرے تو انسان پنی ہوس کا شکار ہو کر اپنی ہی نفی کرلے۔ تو اس کی عافیت اسی میں ہے کہ وہ خدا کی عظمت کا اعتراف کرے اور اس سے وہی مانگے جو اس کا جائز مطالبہ ہو۔ مانگے۔ صدقِ دل سے مانگے اور انجام دعائیں قبول کرنے والے پر چھوڑ کر سکون حاصل کرے:

مصحف اقبال توصیفی کی نظم "رات بھیگ رہی ہے" فکر انگیز نظم ہے۔ وہ وسعتِ کائنات کا ذکر کرتے ہوئے انسان کے اندر کی کائنات کا ذکر ان الفاظ میں کرتے ہیں:

"خود ہمارے اندر
ہزاروں سورج
جگنو کی طرح جلتا بجھتا آسمان
گھنے، سیاہ بادل
پاتال
ہمارے سر پر سانوں کی گٹھری
ایک پاؤں میں شر کا پہیہ
بغل میں خیر کی بیساکھی"

اور خیر و شر کو اپنے دامن میں سمیٹے انسان منزل موہوم کی طرف رواں دواں ہے۔ شاعر اعتراف کرتا ہے کہ انسان کی آنکھ اس منظر کو دیکھنے پر قادر نہیں جو اتھاہ ہے۔ اس کا

دماغ ان رازہائے سربستہ تک نہیں پہنچ سکتا جو عقل و شعور کی حدود سے پرے ہیں اس لیے آدمی کے بس میں اس کے سوا کیا ہے کہ:

"رات بھیگ رہی ہے

آؤ۔ دعاؤں کی نئی فہرست بنائیں

اٹھو، نماز پڑھیں

اور سو جائیں"

میں نے کئی دن مصحف اقبال توصیفی کی نظموں کے ساتھ گزارے ہیں۔ ان نظموں سے بے تکلف ہونے کی کوشش کی ہے۔ ان کو چھوا ہے ان کو چکھا ہے اور بہت سی نظموں نے مجھ سے ناطہ جوڑا اور مافی الضمیر بھی باتیں کیں۔ میں ان نظموں کے ساتھ شاعر کے بچپن کی دنیا میں گیا اس کے گھر کی جنت کی بھی سیر کی، اس کے دوستوں سے بھی لا اور اس محبت کو محسوس کیا جو اپنے یاروں کے لیے شاعر کے دل میں ہے۔ یہ نظمیں مجھے دنیا کی سیر پر لے گئیں نہ صرف شہر حیدرآباد، بلہ بمبئی اور گجرات اور عراق بھی۔ ان کی نظموں کا تجربہ بتہ وسیع ہے، ان کی زبان اور لہجہ ایسا ہے کہ مجھے رشک آنے لگا۔ یہ نظیمیں ادق سے ادق مسئلہ کو بھی باتوں باتوں میں بیان کرنے پر قادر ہیں۔ کئی دن سوتے جاگتے ان نظموں کے ساتھ رہ کر مجھے شاعر کو سمجھنے کا موقع ملا۔ دراصل ان نظموں نے ہی سرگوشی میں مجھ پر بہت سے راز افشا کیے۔ یہ نظمیں اب بھی کرۂ ارض کی گیند پر ایک پاؤں رکھے چل رہی ہیں کیوں کہ ان کا دورا پاؤں خلا میں گیند کو آگے بڑھانے کے لیے ہے۔ وقت ان نظموں کا ہم سفر ہے۔ وقت خود تو خاموش رہتا ہے مگر یہ نظمیں وقت کی آواز ہیں۔ یہ دونوں مل کر ابھی اور کن کن جہانوں کی سیر کرائیں گے یہ وقت ہی بتائے

گا۔ فی الحال تو میں۔ بادل ناخواستہ ان نظموں سے اجازت چاہتا ہوں اس امید کے ساتھ کہ اس چمنستان کی شاخوں پر ابھی اور کونپلیں پھوٹیں گی۔

(۵) دور کنارا

شفیق فاطمہ شعریٰ

دور سے ایک جھلک
ایک بندوق کے نشانے پر
میں پہاڑوں پہ میں ڈھلانوں میں

اجتماعی زندگی میں یہ 'میں' یہ 'انا' سیاسی جبر و استحصال اور عسکری قبضہ گیری کا شکار کوئی ملک بھی ہو سکتا ہے، کسی قوم کی آزادی بھی ہو سکتی ہے۔۔۔۔۔ انفرادی زندگی میں یہ 'انا' خارجی مسائل کے انتشار میں تحلیل ہوتی ہوئی انسانی شناخت ہے یہ گھر گھرانے سے انسان کی وابستگی ہے۔ اس شناخت کی باقیات اگر کہیں دستیاب ہو سکتی ہیں تو کبھی کبھار جدید شعر و ادب ہیں:

یہ مری خاموشیوں کے زخم ہیں
یہ مری آواز کے چہرے نہیں

توصیفی صاحب کی غزلوں میں ہم ایک نرم ٹھہرے ہوئے نفیس لب و لہجہ کے شاعر سے روشناس ہوتے ہیں۔ یہاں وارداتِ قلب ریشم کے پر لگا کر دور دراز فضاؤں میں اپنی پرواز کی جھلک دکھاتی ہیں۔ شاید یہ بھی حسن آفرینی کا ایک انداز ہے:

آپ ہم کو لاکھ اکسائیں جناب
آپ بیتی تو سنانی ہی نہیں

میں نے اس کے دھیان کی چادر
وقت نے اوڑھیں چار دشائیں

غزل کے شاعر کو ایک ایسا رہ نوردِ شوق مانا گیا ہے جسے کسی موڑ پر بھی منزل قبول نہیں۔ لیکن اس بن باس سے حقیقت کی سر زمین کی طرف واپس لوٹنے پر پابندی بھی نہیں لگائی جاسکتی:

ماں نے کہا، تو میرا ہے
وہ بولی، شوہر میرا

اس شعر میں ایک دائمی رزمیہ کا حوالہ ملتا ہے جو ہمیشہ بزم آرائی پر ختم ہوتا آیا ہے ------ تغزل کی روایات سے ایک انحراف سہی، لیکن کتنا خوش آئند انحراف ہے۔

ویسے تغزل اور معاملہ بندی کی روایات کو اپنی غزلوں میں جادو جگانے کی اجازت شاعر نے دے رکھی ہے، ایک نئے مانوس اور شائستہ انداز میں:

کیا کیا نہ ہمارے جی میں آئی
کچھ تم کو دیا جواب ہم نے

وہ نہ چھوڑے گا ساتھ اوروں کا
مل گیا اب اسے نہ جانے کون؟

مصحف اُس کا دل دکھا کر کیا ملا
آپ سچ بولیں مگر سوچا کریں

بے وفا ہے وہ تو اُس در پر نہ جائیں
آپ اِدھر آئیں یہاں بیٹھا کریں

ہم سے تو بے کار ہی نالاں رہتا تھا
غیر سے مل کے اب کیسے پچھتایا ہے

آپ کہیں تو شاید سن لے
آپ ہی اب اُس کو سمجھائیں

شاعری اگر انسان کے باہمی رشتوں اور ان کی متنوع کیفیات کی آئینہ دار نہ ہو تو محض جدت طرازی بن کر رہ جائے گی:

ایسے کہ سنو تو ہنس پڑو تم
دیکھے ہیں عجیب خواب ہم نے

یہ ہنر مندانہ پیرایۂ اظہار اور شعریت سے بھرپور سادہ فطری اسلوب نگارش مصحف اقبال توصیفی کے کلام کی نمایاں پہچان ہے:

اک بے نام سفر ہے نوری سالوں کا
کسی نے تجھ کو دیکھا، کس نے پایا ہے

جس طرح بات سے بات چلتی ہے اس طرح اس شعر کو پڑھتے ہوئے یادداشت کے اندھیرے میں ایک دوسرے شعر کی روشنی پھیلی:

ہزاروں پار جواب تو گفتہ ام 'لبیک'
بداں امید کہ یک بار گوئی ام 'یارب'

(سخن درِ اجمیر)

یہ شعر تفسیر ہے، مفسر حضرت معین الدین چشتیؒ۔ متن ایک آیت روشن:
"ہم اُس سے اُس کی رگ جاں سے بھی نزدیک تر ہیں"۔ (القرآن)

اپنی نظموں میں توصیفی صاحب قاری کو ساتھ لے کر چلتے ہیں۔ لاشعوری رفاقت کے سہارے، نہ کہ وضاحتی بیانیہ کے جبر سے۔ ان کی بیش تر نظموں پر، قاری اساس، مفروضے کا اطلاق نہیں کیا جاسکتا۔

ایک فن کار کی تخلیق فن کار کا اپنا عمل ہے۔ قاری اگر تعبیر متن فن کار کے حسب منشا کرتا ہے تو اس کو شریک عمل مان لینے میں کوئی مضائقہ نہیں۔۔۔۔۔۔ لیکن ایجاد بندہ ،قسم کے تنقیدی رجحانات قاری پر تعبیر متن کی ایسی ذمہ داری عائد کرنے پر تلے ہوئے ہیں جن سے عہدہ بر آ ہونا اس کے لیے مشکل ہے۔

وہ سرزمین شعر سے عنقا صفت پرواز کے لیے پر تول رہا ہے۔ ہم تو اس دنیا میں قاری کی ایک جھلک دیکھنے کے لیے ترس ترس گئے۔ اخبارات کے صفحات کھیل کے میدان کی طرف اشارہ کرتے ہیں جہاں ابھی تک تماشائی اساس، کھیل کا آغاز نہیں ہوا ہے۔ شاید ادب کا قاری وہاں اپنی نشست پر براجمان۔ بہت مزے میں، دریافت کیا جا سکتا ہے۔

کھیل ختم ہوتے ہی میدان سے دھول اڑتی ہوئی۔ اس دھول میں کھلاڑیوں کے نام اور چہرے سب کچھ غائب۔

اس کے برعکس شعر و ادب کی قدر و قیمت کے پیمانے ہیں جن پر خارجی عوامل اثر انداز نہیں ہو سکتے۔

خزاں میں ابھی تک ہے رنگ بہار
یہ صحرائے جاں اک چمن بھی تو ہے

سر سبز چمن میرا اے باد صبا رکھنا
ہر پھول کھلا رکھنا ہر پات ہرا رکھنا

(۶) دور کنارا

سلیمان اطہر جاوید

ادھر دو تین دہوں سے شائع ہونے والے شعری مجموعے پڑھیے۔ بیش تر میں ایک یکسانیت کا احساس عام طور پر ملے گا۔ لگتا ہے باتیں وہی ہیں، موضوعات وہی، کہنے کا انداز وہی۔ بس کسی نے یوں کہہ دیا اور کسی نے یوں۔ بہت کم اشعار دل کو چھوتے ہیں اور بہت کم ہوتے ہیں جو حافظے میں جگہ بنا لیتے ہیں۔ اس کے اور جو بھی وجوہ ہوں، ایک وجہ شاید یہ بھی ہو سکتی ہے کہ خود زندگی میں بڑی یکسانیت راہ پا گئی ہے۔ وہی بندھے ٹکے روز و شب، بندھا ٹکا نظام الاوقات اور بندھا ٹکا انداز۔ اختر الایمان نے اپنی کئی نظموں، بالخصوص نظم "شیشے کا آدمی" میں اس یکسانیت کی نہایت عمدگی کے ساتھ تصویر کشی کی ہے۔ فنونِ لطیفہ پر اس کا اثر ترتیب پانا لازمی تھا کہ فنون لطیفہ زندگی کے عکاس اور ترجمان ہوتے ہیں لیکن چند ایک شاعر ایسے بھی ہیں جن کے ہاں تھوڑی بہت یکسانیت پائی جاتی ہو لیکن جنھوں نے اپنی راہ آپ نکالی ہے۔ مصحف اقبال توصیفی کا شمار ایسے ہی چند ایک شاعروں میں ہوتا ہے۔ مصحف اقبال توصیفی، لگ بھگ نصف صدی سے شعر کہہ رہے ہیں۔ یہ وہ زمانہ تھا جب کہ ترقی پسند تحریک اپنا اثر رکھنے کے باوجود بکھرنے لگی تھی اور ایک آدھ دہے بعد جدیدیت زور پکڑنے والی تھی لیکن ہوا یہ کہ مصحف اقبال توصیفی نے نہ ترقی پسندی سے اپنا ایسا رشتہ رکھا اور نہ جدیدیت سے۔ ان کی آواز ان کی اپنی آواز رہی۔ یہی باعث ہے کہ ان ادوار میں بھی ان کی شاعری تر و تازہ سرسبز و شاداب اور معنی خیز تھی اور آج بھی

ان کی آواز متوجہ کرتی ہے، اپنی شناخت بنا چکی ہے۔ ضیا جالندھری نے ان کے بارے میں لکھا ہے کہ مصحف اقبال توصیفی کے موضوعات اور طرز بیان ان کی انفرادیت کی نشان دہی کرتی ہیں۔ وہ اپنے اور اپنے جیسے انسانوں کے تجربات اور لطیف احساسات کی تصویر کشی کرتے ہیں اور اپنی اس انفرادیت کی تشکیل اور تزئین میں انہوں نے اپنے ورثے سے بھی کام لیا ہے اور اپنے عہد کے رجحانات اور میلانات سے بھی۔ جہاں تک ورثے کا تعلق ہے میر سے ان کی عقیدت ظاہر ہے کہ وہ میر کے پاؤں دبانے کو گورا کرتے ہیں۔ انکا شعر ہے

مصحف تم نے شعر سنا کر بہت سے برباد کیا: آؤ میر کے پاؤں دبائیں، میرا جی کے پاس چلیں۔

حالاں کہ ان کے کلام پر میرا جی کا ایسا اثر نہیں جبکہ وہ "میرا جی کے پاس چلیں" بھی کہتے ہیں اور ان کے اس مجموعے کی دو نظموں کے عنوانات "بہتے آنسو کو کوئی روکے" اور "مجھے گھر یاد آتا ہے" میرا جی کی نظموں سے ماخوذ ہیں۔ البتہ اختر الایمان سے وہ ضرور متاثر ہیں۔ کہا جائے گا کہ میرا جی ہوں یا اختر الایمان، ان سے متاثر ہوتے ہوئے وہ میر کے ساتھ جدیدیت سے بھی وابستگی رکھتے ہیں۔ عرض کروں گا کہ جدیدیت سے بھی ان کی ایسی وابستگی نہیں۔ ان کے ہاں دروں بیٹی اور تنہائی پسندی وغیرہ کے وہ میلانات نہیں جو جدیدیت کی ایک طرح پہچان بن گئے تھے۔ مصحف اقبال کی شاعری ان کی اپنی شاعری ہے۔ ان کے فن میں خاکِ کوئے میر و فانی ہی نہیں کچھ ان کا اپنا لہو بھی ہے۔ انہوں نے تحریکات اور نظریات وغیرہ سے ماوراہو کر اپنی نگاہ سے دنیا کو دیکھا ہے اور صرف دیکھا ہی نہیں حالات اور حوادث کے بارے میں سوچا سمجھا اور اپنا زاویہ قائم کیا ہے۔ "دور کنارا" کے "پیش لفظ" میں انہوں نے عراق، افغانستان، عالمی دہشت گردی، بھوپال گیس

ٹریجڈی اور ماحولیاتی آلودگی کا حوالہ دیتے ہوئے جو لکھا ہے اس سے ان کی عصری حسیت پر روشنی پڑتی ہے، ان کا شعور زندگی سامنے آتا ہے۔ "پیش لفظ" سے ابتدائی چند جملے: گزشتہ چند دہائیوں میں سائنس اور ٹکنالوجی کی حیرت انگیز ترقی نے ہماری طرز حیات اور فکر و عمل پر گہرے اثرات مرتب کیے ہیں۔ سائنس نے ہماری طاقت کئی گنا بڑھا دی ہے۔ جہاں اس نے ہمیں زندگی کی کئی نعمتیں اور آسانیاں عطا کی ہیں وہیں ہمیں کچھ ایسے ہتھیار بھی دیے ہیں جن کی دھار بہت تیز ہے ان ہتھیاروں سے ہم انسان دشمن طاقتوں کے خلاف اپنا دفاع کر سکتے تھے لیکن ہم نے اسے اپنی فرضی دشمنوں کے خلاف استعمال کیا۔ ہم نے شہروں اور جنگلوں کو انسانی لاشوں سے پاٹ دیا"۔)ص:(۹ ان نظموں میں بھی ان کے جذبات و احساسات اور ان کے زاویۂ نظر کی ترجمانی ملتی ہے۔ انہوں نے نہایت فنکارانہ مہارت اور شعری ہنر مندی کو کام میں لاتے ہوئے اپنے ردِ عمل کو پیش کیا ہے، اپنے محسوسات کا اظہار کیا ہے۔ عراق میں امریکی دہشت گردی کے بارے میں ان کی نظم "عراق" کے ابتدائی تین مصرعے: اور دیگر نظموں میں حیدرآباد کی چہار صد سالہ تقاریب کے موقع پر تحریر کردہ نظم "خوابوں کا شہر" حیدرآباد کی ہم عصر ادبی شخصیات کی یاد میں 'رفتگاں' اور نظم "شاذ تمکنت کی یاد میں" پڑھنے سے تعلق رکھتی ہیں۔ نظم "شاذ تمکنت کی ید میں" کے آخری مصرعوں سے شاذ سے ان کی شدید جذباتی وابستگی کی آئینہ داری ہوتی ہے۔ خاص طور پر یہ مصرعے:

ایسا لگتا ہے خواب تھا کوئی
نیندیں ٹوٹی ہیں، رات ہے اب تک
جیسے تیرا ساتھ ہے اب تک
ایسا لگا ہے کاندھے پر

تیرے غم، تیری یادوں کا
ہاتھ ہے اب تک !!

مصحف اقبال توصیفی نے خاصے اہتمام اور احتیاط کے ساتھ شاعری کی ہے۔ ہلکے پھلکے الفاظ، بے تکلف پیرایہ اور روز مرہ کا استعمال انہیں خوب آتا ہے۔ البتہ کہیں کہیں ایسے اشعار بھی مل جاتے ہیں۔ سورج ڈوبا ہم دفتر سے گھر لوٹے کتا منھ میں گیند دبا کر لایا ہے۔ مصحف اقبال کے قبل ازیں دو مجموعے "فائزا" اور "گمان کا صحرا" شائع ہو چکے ہیں۔ اس شعری مجموعہ "دور کنارا" سے نہ صرف ان کی شعری مرتبت میں اضافہ ہو گا بلکہ اردو شاعری کو بھی اچھا مجموعہ ملے گا۔

(۷) مصحف اقبال توصیفی سے ایک ملاقات

جعفر جری

جعفر: جناب مصحف اقبال توصیفی صاحب ! آج آپ بلا شبہ دنیائے سخن کی ایک معروف شخصیت کے طور پر جانے جاتے ہیں مگر ہم یہ جاننا چاہیں گے کہ شعر و سخن سے آپ کو یہ شغف کب کیوں کر اور کن حالات میں پیدا ہوا؟

مصحف: میری ننھیال اور ددھیال دونوں گھرانوں میں شعر و ادب چرچا تھا۔ اس لیے بچپن ہی سے میرے کان اساتذہ اور شعرائے حال کے اشعار سے آشنا تھے۔ میرے نانا قاضی محمد بنی فارسی زبان میں شعر کہتے تھے اور سوزؔ تخلص کرتے تھے۔ میرے والد کے پھوپھا عبد الجامع جامی بدایونی کی حیثیت بدایوں میں استاذ الاساتذہ کی تھی۔ اپنے عہد کے سبھی نامور شعرا سے ان کے روابط تھے۔ صفیؔ، نوحؔ ناروی، جگرؔ، بہزادؔ لکھنوی وغیرہ۔ ان میں سے کوئی بھی بدایوں آتا تو جامیؔ صاحب کے گھر کی محفلوں کی رونق بڑھ جاتی۔ میرے والد شاعر نہیں تھے لیکن شعر و ادب کا ستھرا ذوق رکھتے تھے۔ چچا فرید بخش قادری (جو میرے والد کے خالہ زاد بھائی تھے۔ فرید چچا خلیل الرحمٰن اعظمی کے ہم جماعت رہے ہیں۔ علی گڑھ میں۔، اور ہماری چچی، مشہور نقاد آل احمد سرور کی بہن ہوتی ہیں۔) باقاعدہ شاعر تھے اور اپنے زمانے کے نوجوان شعرائے علی گڑھ اور بدایوں میں خاصے مقبول تھے۔ یوں جب میں نے اپنا آبائی وطن بدایوں چھوڑا تو میں بہت چھوٹا تھا۔ تیسری جماعت کا طالب علم۔ لیکن شعر و ادب کی فضا میں سانس لینا میں نے سیکھ لیا تھا۔

والد کے ساتھ میں حیدرآباد آیا تو میرے دادا عبد الباسط صدیقی مرحوم (میرے والد کے ماموں جو میرے والد کو حیدرآباد اپنے ساتھ لے آئے تھے اور ان کے سرپرست رہے) انہیں شعر و ادب سے کوئی خاص لگاؤ نہیں تھا۔ لیکن بدایوں کے ہونے کے ناطے اور چوں کہ فانی صاحب کا گھر ہمارے گھر سے بس چند منٹوں کے فاصلے پر تھا اس لیے ان کا اور میرے والد کا فانؔی صاحب کے گھر بہت آنا جانا تھا، اور یہ میل جول اتنا بڑھ گیا گویا ایک ہی خاندان ہو۔ میں نے فانی صاحب کو کیا دیکھا ہوگا لیکن سنا ہے، میری عمر ایک سال سے بھی کم ہوگی۔ فانؔی صاحب کے انتقال سے بس کچھ عرصہ بلکہ کچھ مہینے پہلے میں اپنی والدہ کے ساتھ کچھ دنوں کے لیے بدایوں سے شاید آیا تھا اس وقت کی ایک گروپ تصویر تھی (جو نہ جانے کہاں کھوگئی) جس میں میں فانی صاحب کی گود میں نظر آرہا ہوں۔ علامہ حیرت بدایونی کا گھر بھی بے حد قریب تھا اور ہمارے گھرانے کے ان کے خاندان سے قریبی مراسم تھے۔ علامہ کے تیسرے صاحبزادے احمد جلیس اور میں، ہم دونوں نے مل کر بچوں کا ایک قلمی رسالہ کہکشاں نکالا تھا۔ جس کا سرورق علامہ کی چھوٹی بیٹی (مشہور افسانہ نگار جیلانی بانو کی چھوٹی بہن) نے بنایا تھا۔ جب میں انٹر میڈیٹ سال اول میں پڑھ رہا تھا تو اپنے دو ہم محلہ دوستوں سید علی الدین اور عظیم صدیقی کی مدد سے ہم تینوں نے اپنے تئیں ایک ادبی رسالہ "شمع ادب" کے نام سے باقاعدہ لیتھو پریس میں چھپوایا۔ اس میں محلے کے سبھی اہل قلم شامل تھے۔ اس رسالے کا یہ پہلا اور آخری شمارہ تھا اور اسی میں عارفؔ بدایونی کے نام سے میری پہلی غزل شائع ہوئی۔

جعفر: آپ کی شعر گوئی کا آغاز۔۔

مصحف: شعر گوئی کا آغاز تو اسکول کے زمانے ہی سے ہو گیا تھا اور میں نے ایک چھوٹی سی بیاض بھی اوروں کی دیکھا دیکھی بنالی تھی اور جو بھی لکھتا پہلے ادھر ادھر کاغذوں

پر محفوظ رکھتا پھر جب مطمئن ہو جاتا تو اس بیاض میں منتقل کر لیتا۔ اس طرح میرے پاس خاصی تعداد میں نظمیں غزلیں جمع ہو گئی تھیں۔ پھر میں نے بچوں کے لیے بھی کچھ نظمیں لکھیں اور "کھلونا"، "پھلواری" وغیرہ کو عارفؔ بدایونی کے نام سے بھیجیں۔ اس طرح دو تین سال تک عارفؔ بدایونی کے نام سے بچوں کے رسائل میں میری نظمیں گاہے گاہے چھپتی رہیں۔ بچوں کے لیے ان نظموں کے علاوہ بھی اب میری بیاض میں بہت سی نظمیں غزلیں ایسی جو میرے بالغ احساسات کی عکاس تھیں جمع ہو گئی تھیں۔ آزاد، پابند نظمیں، چند غزلیں ان ہی میں سے ایک نظم اس زمانے کے نہایت معتبر اور مقتدر رسالہ "صبا" کے لیے میں نے بھیجی۔ یہ غالباً ۵۷ء کے اواخر یا ۵۸ء کی بات ہے۔

جعفر: اچھا تو یوں کہا جائے کہ تقریباً پچاس کے دہے میں آپ کے ادبی کیریئر کا آغاز ہوا۔ اب یہ بتائیں کہ ان دنوں آپ کو اپنے سے سینیئر کن شعرا کی صحبت میسر تھی اور کیا کبھی آپ نے شاعری کے سلسلے میں ان کے مشوروں سے استفادہ کرنے کی بات بھی کبھی سوچی تھی۔

مصحف: ان دنوں "صبا" کے لیے میں نے جو نظم بھیجی تھی وہ نظم، نظم آزاد کی تکنیک میں تھی۔ سلیمان اریبؔ صاحب "صبا" کے ایڈیٹر بھی تھے، انہوں نے مجھے خط لکھا کہ "نظم آزاد" کی تکنیک ذرا مختلف اور مشکل ہوتی ہے۔ اس باب میں گفتگو کے لیے بہتر ہو، میں ان سے (سلیمان اریب) یا شاذ تمکنت سے ملوں، میں اپنے گھر سے جو ملے پلی کے محلے میں لبِ سڑک تھا، اس زمانے میں اکثر شام کو سلیمان اریب، عزیز قیسی، انور معظم، وحید اختر، شاذ تمکنت اور دوسرے شاعروں کو گذرتے ہوئے دیکھتا تھا۔ (اریبؔ صاحب کا گھر نامپلی سے ملے پلی ہوتی ہوئی اسی سڑک سے کچھ اور آگے وجے نگر کالونی میں تھا اور شاذ ملے پلی انوار العلوم کالج کے روبہ رو ایک گھر میں رہتے تھے)۔ میرے دل میں پہلے

ہی سے بڑی خواہش تھی کہ ان شعرا سے ملاقات کا موقع کسی طرح حاصل ہو، یہ خط پاکر، جہاں تھوڑا سا ملال ہوا کہ اریب صاحب یہ نظم نہیں چھاپ رہے ہیں، ساتھ ہی خوشی بھی ہوئی کہ اس بہانے میں اپنے پسندیدہ شاعروں میں کسی نہ کسی سے مل سکوں گا۔ ان سب شاعروں میں مجھے شاذ تمکنت سب سے زیادہ اپیل کرتے تھے، اور میں ایک دن ہمت کر کے شاذؔ سے ملنے ان کے گھر پہنچ گیا۔ میں نے انہیں اریب کا خط اور پھر اپنی نظم دکھائی، شاذؔ ہنسنے لگے۔ میری نظم لوٹاتے ہوئے بولے آزاد نظم کی کوئی تکنیک وغیرہ نہیں ہوتی اگر ہے تو بس یہی تکنیک ہے جو اس نظم میں ہے۔ تمہیں کسی سے کوئی مشورہ کرنے کی کوئی ضرورت نہیں۔ دیکھو میں بھی کسی سے مشورہ نہیں لیتا۔ بس لکھتے رہو، اور ان باتوں پر دھیان مت دو۔

میری شاعری کی ابتدا نظموں ہی سے ہوئی۔ باقاعدہ غزل میں نے کافی عرصے بعد لکھی، شاذؔ میری نظمیں پڑھتے اور رائے دیتے جیسے یہ میری نظم نہ ہو بلکہ ان ہی کے ہم عمر کسی established شاعر کی نظم ہو، اپنی نظمیں، غزلیں سناتے، میں اگر کبھی کوئی مشورہ دیتا یا اعتراض کرتا تو یہ خیال کیے بغیر کہ میری بساط کیا۔ میں نے ابھی اس کوچے میں قدم رکھا ہے، میری بات غور سے سنتے اور اگر اس میں کوئی وزن ہوتا تو مان بھی لیتے (گو ایسا بہت کم ہوتا)۔ اگر میں ان کے کسی خیال یا مشورے سے متفق نہ ہوتا تو برا نہ مانتے، بہت آگے چل کر جب میں نے اپنے پہلے شعری مجموعے کا نام "فائزا" رکھا تو یہ نام شاذؔ کو سخت ناگوار گزرا۔ لیکن انہوں نے برا نہیں مانا بلکہ میری خواہش پر اس مجموعے کے لیے اختر الایمان کی رائے حاصل کرنے میں میری بڑی مدد کی۔ لیکن جہاں تک شاعری کا سوال ہے کسی اور نوجوان مبتدی اور خود سے ۷،۶ سال چھوٹے کسی اور شاعر کو شاذ وہ درجہ نہ دیتے جو مجھے دیتے رہے۔ اس کا سبب یہ نہیں کہ انہیں میری شاعری میں کوئی بہت بڑا

شاعر بننے کا امکان نظر آتا تھا (اگرچہ کہ انہیں میری شاعری پسند تھی) بلکہ اس لیے کہ وہ مجھے عزیز رکھتے تھے اس لیے مجھے اپنے ساتھ اپنے پاس بٹھانے میں انہیں کوئی تکلف محسوس نہ ہوتا۔ شاذؔ کسی کو اپنا استاد نہیں مانتے تھے۔ نہ ہی سنجیدگی سے کسی کا استاد بننا انہیں گوارا تھا۔

ایک دن میرے گھر آئے، بولے تمہارے نام عارف بدایونی سے بڑی قدامت پرستی کی بو آتی ہے۔ کوئی اور نام سوچو، ہم دونوں نے مل کر کئی نام سوچے، زیادہ تر نام شاذؔ کے تجویز کردہ تھے۔ ان ہی میں سے ایک نام مصحف توصیفی مجھے اچھا لگا، میں نے کہا میں اپنا نام تین ٹکڑوں میں چاہوں گا۔ جیسے میرے کئی پسندیدہ شاعروں کے نام ہیں۔ ن۔ م۔ راشد، فیض احمد فیض، احمد ندیم قاسمی، عزیز حامد مدنی وغیرہ۔ میں اس میں اپنی عرفیت جوڑ لوں، اقبال۔ بولے ہاں۔ یہ اچھا رہے گا اور میرا قلمی نام مصحف اقبال توصیفی ہو گیا۔

جعفر: خیر یہ تو رہی ابتدائی دنوں کی بات۔ بعد میں حیدرآباد بیرون حیدرآباد کے کن احباب علم و فن سے آپ اپنی قربت قابل ذکر سمجھتے ہیں؟

مصحف: ادیبوں اور شاعروں میں مجھے سب سے زیادہ شاذؔ عزیز رہے۔ وہ نہ صرف ایک بہت اچھے شاعر تھے بلکہ بہت ہی جینوئن انسان۔ وہ اپنی خوبیوں سے بے نیاز اور اپنی خامیوں سے پشیمان اور متردد رہتے تھے۔ ایک دوسرے کے گھر میں ہم افراد خاندان کی طرح آتے جاتے، کوئی نئی نظم یا غزل ہوتی تو فوراً ایک دوسرے کو سناتے۔ شاذؔ نے مجھے ہمیشہ اپنا چھوٹا بھائی اور دوست سمجھا، بلکہ چھوٹا بھائی زیادہ۔

شاذ تمکنت کے بعد مجھے سب سے زیادہ قرب عوض سعید کا حاصل رہا۔ عوض سعید بہت اچھے افسانہ نگار تو تھے ہی وہ نہایت اعلیٰ انسانی صفات کے حامل بھی تھے۔ عوض شاذ اور میں۔ اکثر ہم لوگوں کی شامیں ساتھ گزرتیں اورینٹ ہوٹل میں یا ہم میں سے کسی کے

گھر پر۔ بعد میں ستّر کی دہائی میں جب سید خالد قادری حیدرآباد آئے اور انوارالعلوم ایوننگ کالج میں لکچر رہوئے تو شاذؔ کے توسط سے ہمارے اس مخصوص گروپ میں وہ بھی شامل ہو گئے۔ خالد انگریزی اور اردو ادب کا نہایت عمدہ ذوق رکھتے ہیں جو انہیں اپنے والد سے وراثت میں ملا ہو گا۔ مغنی تبسم کے اکسانے پر شعر و حکمت کی اشاعت کے ساتھ ساتھ ان کا تنقیدی سفر اور خاکوں کا سلسلہ شروع ہوا۔ اور ان کی ادبی صلاحیتیں جن کے پہلے شاذ، عوض اور میں ہی معترف تھے۔ اب ساری اردو دنیا ان سے روشناس ہونے لگی۔ خالد نہایت ذہین پڑھے لکھے اور صائب الرائے شخصیت ہیں اور شاذؔ، عوضؔ اور نرمل جی کے بعد اب میرے چند قریبی دوستوں میں وہی رہ گئے ہیں۔

ہندی کے مشہور شاعر اوم پرکاش نرمل سے بھی میری دوستی تقریباً اتنی ہی پرانی ہے جتنی کہ شاذ اور عوض سے۔ ایسا مخلص بے ریا اور دوستوں کیلیے کچھ بھی کر جانے کا حوصلہ رکھنے والا شخص میں نے نہیں دیکھا۔ نرمل جی میرے بے حد عزیز دوست تھے۔ اب بھی ان کی یاد آتی ہے تو میری آنکھیں بھیگ جاتی ہیں۔ وہ مشہور ہندی ماہ نامہ "کلپنا" کے اڈیٹر رہے۔ اور کچھ عرصے کے لیے آندھرا پردیش ہندی اکیڈمی کے ڈائرکٹر بھی۔ ان کے توسط سے ہندی ادب کی کئی شخصیتوں جیسے راجہ دوبے، بدری وشال پتی، منندر جی، مرلیدھر شرما، سری رام شرما، پریاگ شکل وغیرہ سے میرے مراسم پیدا ہوئے۔

اورینٹ میں میرے لیے سب سے قابلِ احترام ہستی جن سے ملاقاتوں اور جن کے ساتھ شاذؔ، خورشید احمد جامیؔ، عوض اور چند اور احباب کی معیت میں کئی شامیں گذارنے کے اعزاز مجھے حاصل رہا۔ وہ مخدوم محی الدین کی ذات تھی۔ مخدوم صاحب ہمیں اورینٹ سے اٹھا کر "جانس" لے جاتے اور وہاں گھنٹوں شعر و ادب کے حوالے سے بڑی دلچسپ باتیں ہوتیں۔ شاذؔ میری طرف اشارہ کر کے کہتے "مخدوم بھائی! اس نوجوان نے

آج ہی ایک بڑی عمدہ نظم لکھی ہے۔ سنیے "۔ مخدوم کہتے "ہاں۔ ہاں۔ کیوں نہیں "۔ یوں ہماری شاعری سن کر ہماری حوصلہ افزائی بھی کرتے۔ کبھی کوئی مصرع، شعر، نظم پسند آ جائے تو بے اختیار بیٹھے بیٹھے ہاتھ ملانے کی خاطر ہاتھ بڑھا دیتے۔ یہ ان کے داد دینے کا انداز تھا۔

شاذؔ ہی کی طرح مخدوم محی الدین کے علاوہ میں اختر الایمان اور شاہد صدیقی کا بھی بے حد معترف اور مداح تھا۔ اپنے پہلے مجموعۂ کلام "فائزہ" کے فلیپ کے لیے میں اختر الایمان کے رائے حاصل کرنا چاہتا تھا۔ میں نے شاذ سے ان کا پتہ لیا اور انہیں کئی خط لکھے۔ بمبئی کسی دفتری کام سے جانا ہوا تو ان سے ملا۔ ان کے گھر پر۔ ایک بار اختر الایمان کی حیدرآباد میں آمد کے موقع پر (میری عمر تیس یا اس سے کچھ کم ہو گی)، اختر الایمان مجھے، شاذ اور شاہد صدیقی کو عابد شاپ پر "کوالٹی بار" میں لے گئے۔ شاہد صدیقی نے بیرا سے چار گلاس لانے کے لیے کہا تو شاذؔ نے انہیں ٹوکا کہ اقبال ڈرنک نہیں لیتے۔ اس جملے پر اختر الایمان نے مجھے دیکھا پھر شاذ سے مخاطب ہو کر کہا "لڑکا ہے سنبھل جائے گا"۔ شاہد صدیقی مسکراتے رہے۔

علامہ حیرتؔ بدایونی کے گھرانے اور ہمارے خاندان کے قریبی مراسم تھے۔ اس واسطے سے جیلانی بانو اور (پھر انور معظم سے ان کی شادی کے بعد) انور صاحب سے بھی وہی یگانگت ہے جیسے علامہ کے دیگر افراد خاندان کے ساتھ رہی ہے۔ مجھ سے چند یا کئی سال سینیئر ایسے شعراجن سے میری ملاقاتیں رہیں۔ ان میں کچھ ایسے لوگ ہیں جن سے ملاقات کی نوعیت رسمی رہی کچھ ایسے بھی جنہوں نے میری کم گوئی، کم عمری اور کم مائیگی کے باوجود مجھے اپنے حلقہ، احباب میں جگہ دی۔ خورشید احمد جامی، سلیمان اریب، مغنی تبسم، اختر حسن، اقبال متین، عالم خوندمیری، حسن عسکری، انور معظم، وحید اختر، مجتبیٰ

حسین، کنول پرشاد کنول۔ اس ملی جلی فہرست میں اور بھی کئی نام ہیں۔

میرے پہلے شعری مجمعے "فائزا" کی رسم اجرا جیلانی بانی کے ہاتھوں انجام پائی۔ جلسے کے صدر شاذ تمکنت تھے۔ جیلانی بانو، شاذ کے علاوہ عالم خوند میری، مغنی تبسم، حسن عسکری، غیاث متین، یوسف اعظمی، مرلی دھر شرما اور رؤف خلش نے اظہار خیال کیا۔ عوض سعید نے خاکہ پڑھا تھا۔ مغنی صاحب نے اس جلسے میں میری شاعری پر مضمون پڑھا جو بعد میں روزنامہ "سیاست" میں چھپا۔ یہی نہیں اس کتاب کا سرورق بھی ان کے موقلم کا مرہون منت تھا۔ یہ محض ان کی محبت تھی جو آج بھی اسی طرح intact ہے اور مجھے اسی طرح حاصل ہے۔ مغنی صاحب حیدرآباد کی ادبی سرگرمیوں کے روحِ رواں ہیں اور شاید اس ادبی روایت اور تہذیب کی آخری کری جو اس شہر کی شناخت کہی جاسکتی ہے۔ عالم خوند میری جیسا مفکر اور عالمی ادب پر نگاہ رکھنے والا نقاد کم سے کم میری نگاہ سے نہیں گزرا۔ اختر حسن مجھے بہ حیثیت شاعر پسند کرتے تھے۔ وہ کلاسیکی ادب کا نہایت پاکیزہ ذوق رکھتے تھے۔ میرے دوسرے شعری مجموعے "گماں کا صحرا" کی رسم اجرا کے موقع پر انہوں نے جن خیالات کا اظہار کیا اس سے مجھے بڑی طمانیت حاصل ہوئی۔ مجتبیٰ حسین کی شخصیت اور فن کا میں ہمیشہ مداح رہا ہوں۔ میرے شعری مجموعے "دور کنارا" کی اشاعت کے سلسلے میں انہوں نے جس طرح مجھ سے تعاون کیا اس کے لیے میں ان کا ممنون ہوں۔

سینیئر یا کم و بیش ہم عمر شعرا، ادبا جو مجھ سے کچھ ہی سال چھوٹے یا بڑے ہو سکتے ہیں اور جن سے میرے کبھی دوستانہ مراسم رہے یا آج بھی ہیں وہ ہیں علی احمد جلیلی، امیر حمد خسرو، تاج مہجور، راشد آزر، قدیر زماں، وقار خلیل، ارمان فاروقی، رحمٰن جامی صلاح الدین نیر، حسن یوسف زئی، سید ناظر الدین، حامد مجاز، عاتق شاہ، سید عبد القدوس، غیاث

متینؔ ، رؤف خلش، یوسف کمال، طیب انصاری، یوسف اعظمی، حسن فرخؔ، مضطر مجازؔ، محسن جلگانوی، رؤف خیرؔ، رحمت یوسف زئی، عزیز بھارتی ، شفیع اقبال ، علی ظہیر، اعجاز عبید، علی الدین نوید، اعتماد صدیقی ، مظہر الزماں خاں ، بیگ احساس ، مظہر مہدی ، ستار صدیقی، ظہیر الدین، مصلح الدین سعدی، امتیاز الدین۔۔۔ایک طویل فہرست ہے۔

ج: اساتذہ قدیم سے لے کر حالی اور اقبال تک کے کچھ اشعار گھر میں اور گھر کے باہر لوگوں سے سن رکھے تھے اور نصابی کتابوں میں بھی پڑھے تھے۔ "آب حیات" ملی تو کئی شعرائے قدیم کے حالاتِ زندگی سے واقفیت ہوئی اور ان کے معمولاتِ زندگی اور آپسی تعلقات اور چشمکوں سے دلچسپی پیدا ہوئی۔ عمر بڑھی تو شوق بھی بڑھا۔ اِدھر اُدھر سے کچھ کتابیں، نیم فلمی، نیم ادبی رسائل پڑھنے میں آئے۔ علامہ حیرت بدایونی کے گھر سے کچھ رسائل ہمارے گھر میں آجاتے۔ پھر شاذ تمکنت سے ملاقاتیں ہوئی۔ دوستی بڑی تو ہندو پاک کا کوئی ایسا اعلیٰ معیاری ادبی جریدہ نہ تھا جو شاذ کے نام نہ آتا ہو۔ اور شاذ مجھے بڑے شوق سے پڑھنے کے لیے نہ دیتے ہوں۔ میں نے لائبریریوں کے چکر بھی کاٹنے شروع کیے۔ اس طرح مجھے اس ابتدائی دور ہی میں کلاسیکی اور ہم عصر شاعری پڑھنے بلکہ اس کے بالاستیعاب مطالعے کا موقع ملا اور میں نے اساتذہ سے لے کر، دور حاضر تک کے شعرا کا کلام بڑی لگن سے پڑھا۔ اگر مجھے یہ موقع نہ ملتا اور میں اپنے مطالعے اور شعر فہمی کے ابتدائی دنوں سے آئندہ کئی برسوں تک ایک ہی طرز کے شاعروں کے کلام میں محو رہتا اور ان کی فکر اور طرز اظہار کو اپنے حواس پر طاری کر لیتا تو میرے ادبی ذوق اور نگاہ میں جو تھوڑی بہت وسعت پیدا ہو سکی وہ نہ ہوتی۔

متقدمین میں مجھے سب سے زیادہ میرؔ کی تو بات ہی سب سے جدا ہے۔ اردو شاعری کی ساری تہذیب، اس کی لطافت اور اثر پذیری کا مبدا اور مرکز میرؔ کی شاعری ہے جس

کے اطراف وقت کے دائرے پھیلتے پھیلتے ہمارے عہد تک پہنچے ہیں۔ مومنؔ، مولوی فضل حق کے خیال میں اگر عشق عاشقی کے قصوں میں نہ پڑھے تو ان کے فضل و کمال کو دنیا دیکھتی۔ لیکن اگر مومنؔ مولوی صاحب کے خیال کے مطابق عمل کرتے تو ممکن ہے ہمیں ایک اور غالبؔ مل جاتا لیکن مومنؔ کہاں ملتا۔ مومنؔ کو غالبؔ اور اقبالؔ کے تو سبھی معترف ہیں۔ ان باکمال شعرا کے علاوہ مَیں مصحفی، آتش، انیس، حالی، فانی، اصغر، یگانہ، جگر اور فراق کا بھی عاشق وشیدا ہوں۔

میری نوجوانی کے زمانے میں ترقی پسند تحریک کا اثر ابھی پوری طرح زائل نہیں ہوا تھا۔ قدیم طرز کے اساتذہ فن جیسے فانی، اصغر، جوش، جگر کے ساتھ ساتھ کئی ترقی پسند شاعر بھی اپنی رومانیت اور لب ولہجہ کی تازگی کے سبب ہر باذوق طبقے میں بے حد مقبول تھے۔ میرے ذہن پر بھی ان کا اثر ناگزیر تھا۔ میں بھی فیض، مخدوم، سردار جعفری (پتھر کی دیوار" کی پیش تر نظمیں)، احمد ندیم قاسمی، مجاز، جذبی، جاں نثار، مجروح، ساحر، منیب الرحمٰن، اختر انصاری، ان سب شاعروں کا گرویدہ تھا۔ (اور آج بھی ہوں) اور ان کی کئی نظمیں اشعار میرے نوک زباں تھے۔ حیدرآباد ہی میں مَیں کئی ترقی پسند شاعروں سے متعارف اور ان کے کلام کا معترف تھا۔ لیکن ترقی پسند نقطۂ نظر سمجھنے میں مجھے ذرا دشواری محسوس ہوتی تھی۔ میری سمجھ میں یہ بات آج تک نہ آسکی کہ کوئی فلسفہ، کوئی نصب العین ،کوئی سیاسی سماجی عقیدہ چاہے کتنا ہی معتبر کیوں نہ ہو اور خیرِ کثیر کا درجہ رکھتا ہو کسی شاعر کی شاعری کا جزو کیسے بن سکتا ہے جب تک کہ اس کے خون میں از خود رواں نہ ہو اور اس کے احساس کا حصہ نہ بن سکے۔ ابھی میں نے جن ترقی پسند مکتب خیال سے تعلق رکھنے والے شاعروں کے نام لیے میرے خیال میں ان کی کامیابی کا راز یہی تھا کہ انہوں نے اجتماعی فکر واحساس کو اپنے داخلی تجربے میں منقلب کرتے ہوئے ایک اعلیٰ تخلیقی اظہار کا

درجہ عطا کیا۔

ترقی پسند شعرا کے مقابل، حلقۂ ارباب ذوق کے شاعر بھلے ایک householdنام کی حیثیت نہ رکھتے ہوں لیکن ان کی ایک اپنی انفرادی شان تھی۔ عام ڈگر سے ہٹی ہوئی شاعری، نئی فکر، نئے موضوعات، نیا طرزِ اظہار، نظمِ آزاد کے فارم میں لفظوں کی نئی قطار بندی، انسان کو ایک نیا اخلاق بخشنے کی کوشش تاکہ انسان اپنی ذات کے ساتھ مفاہمت پیدا کر سکے اور مزید شکست و ریخت سے بچ سکے۔ حلقے سے جڑے ہوئے شاعروں کا یہ نظریۂ ادب کہ انسانی نفسیات کی گتھیوں کو سلجھائے بغیر اور اپنی ذات کے نہاں خانے کو روشن کیے بغیر انسانی فلاح کا ہر منصوبہ درہم برہم ہو سکتا ہے اور یہ کہ حقیقت کے کئی پہلو ممکن ہیں اور ان میں ہر پہلو کی عکاسی کی ادب میں گنجائش ہے۔ یہ نظریہ ادب مجھے زیادہ معتبر لگتا۔ راشدؔ نے میراجیؔ کے بارے میں جو لکھا ہے کہ میراجیؔ ہمارے عہد کے سب سے زیادہ جدت پرست سب سے زیادہ زرخیز ذہن کے مالک، سب سے منفرد اور سب سے زیادہ بدنام شاعر ہیں۔ تو میرے خیال میں یہ الفاظ میراجی اور راشد دونوں پر صادق آتے ہیں۔ ان دونوں کے ساتھ ایک قافلہ ہے۔ مختار صدیقی، مجید امجد، قیوم نظر، یوسف ظفر، ظہور نظر، ضیا جالندھری اور بہت سے دوسرے اور مجھے یہ سب بے حد عزیز ہیں۔ ان شاعروں کے علاوہ مجھے جن دو شاعروں نے بے حد متاثر کیا وہ اختر الایمان اور منیر نیازی ہیں۔

اپنے پیش رووں، ہم عمر یا سینئر شاعروں میں (کسی ترتیب کے بغیر) ناصر کاظمی، شاذ تمکنت، ابنِ انشا، بلراج کومل، وزیر آغا، خلیل الرحمٰن اعظمی، عمیق حنفی، شہاب جعفری، احمد مشتاق، زبیر رضوی، باقر مہدی، مغنی تبسم، شفیق فاطمہ شعریٰ، ندا فاضلی، شہریار، بانی، شکیب جلالی، محمد علوی، احمد ہمیش، عادل منصوری، کمار پاشی اور شاہد کبیر میرے

پسندیدہ شاعر رہے ہیں۔ نقادوں میں محمد حسن عسکری، آل احمد سرور، خلیل الرحمن اعظمی، وزیر آغا، عالم خوند میری، شمس الرحمٰن فاروقی، مغنی تبسم، شمیم حنفی، باقر مہدی اور فضیل جعفری ایسے نام ہیں جن کی تحریروں کا اثر میں نے قبول کیا ہے۔

جعفر: اپنے ادبی کیریئر اور اپنی شاعری پر مختصراً آپ کیا تبصرہ کرنا پسند کریں گے؟

مصحف: میری شاعری کی ابتدا نظموں سے ہوئی۔ میرے تقریباً نظمیں، ماسوائے چند، آزاد نظم کے فارم میں ہیں پھر کئی سال بعد کچھ غزلیں لکھیں اور یہ سلسلہ بھی چل پڑا اور میں نظم اور غزل دونوں اصناف میں طبع آزمائی کرنے لگا۔ میری شاعری ایسی نہ تھی کہ مشاعروں میں قبولیت کی سند حاصل کر سکے۔ اپنے تخلیقی اظہار کے لیے میرے پاس ایک ہی وسیلہ تھا کہ رسائل میں زیادہ سے زیادہ چھپنے کی کوشش کروں۔ میری پہلی نظم سہ ماہی "قند" (مردان۔ پاکستان) میں ۱۹۵۹ء میں چھپی۔ یہ ایک موقر ادبی رسالہ تھا جو تاج سعید کی ادارت میں شائع ہوتا تھا اس کے بعد میری نظمیں، غزلیں ہندو پاک کے سبھی مقتدر ادبی رسائل میں باقاعدگی سے شائع ہوتی رہیں۔ چند نام یہ ہیں (پاکستان سے): "قند"، "ادبی دنیا"، "صحیفہ"، "سویرا"، نقوش"، "فنون"، "ترجمان سرحد"، "سیپ"، "اوراق"، "تخلیق"، "تشکیل" وغیرہ۔ (ہندوستان سے): "صبا"، "پونم"، "تحریک"، "کتاب"، "شب خون"، "سطور"، "معیار"، "تناظر"، "حکمت"، "سب رس"، "شاعر"، "ذہنِ جدید"، "انتخاب"، "سرسبز" وغیرہ۔ چند اہم انتخاب (anthologies) جن میں میری نظمیں غزلیں شامل ہو سکیں ان کے نام ہیں۔ "نئی نظم کا سفر" (مرتبہ خلیل الرحمٰن اعظمی)، "نئے نام" (مرتبین۔ شمس الرحمٰن فاروقی، حامد حسین حامد)، "نئے کلاسیک" (بشر نواز۔ مرہٹواڑہ یونیورسٹی، اورنگ آباد۔ مہاراشٹرا)، "اردو کی بہترین شاعری" (پرکاش پنڈت۔ اردو ہندی میں)، "مشاعرہ" (پرکاش

پنڈت۔ اردو ہندی میں)، "۱۹۷۰ء کی بہترین شاعری" (ترتیب۔ کمار پاشی، پریم گوپال متل)، "نئی نظم نئے دستخط" (مرتبہ۔ شاہد ماہلی)، "گجرات کے زخم" (اردو، تلگو شعری تخلیقات کا انتخاب، سیکیولر ڈیموکریٹک لٹریری کلچرل فورم)، "ذہنِ جدید، جدید نظم نمبر"، "بیسویں صدی کی بہترین شاعری (مرتبہ: اوصاف احمد)۔

جعفر: اب میں آپ سے ایک دو شخصی سوال بھی پوچھنا چاہوں گا۔ ان میں سے ایک یہ کہ حیدر آباد کے علاوہ بدایوں جو آپ کا آبائی وطن ہے اس سے اپنے تعلق کو لے کر آج آپ کیا محسوس کرتے ہیں۔ دوسرا یہ کہ اپنے وہاں کے اجداد سے آپ کس حد تک علمی و روحانی معنی میں فیض یاب ہوئے؟

مصحف: میں بدایوں میں پیدا ہوا۔ بدایوں بہت پرانا شہر ہے۔ کچھ لوگ ۵ ہزار سال پرانا شہر کہتے ہیں۔ اس شہر کے قدیم نام "بدھ مؤ" کی روشنی میں اسے گوتم بدھ کے عہد کا شہر بھی قرار دیا گیا ہے۔ سوتھ نام کا ایک چھوٹا سا دریا خاص شہر بدایوں کے کنارے پر ہے۔ اسی دریا کے نام سے وابستہ اس شہر کے محلہ سوتھے میں، مَیں پیدا ہوا۔ امیر خسرو نے بدایوں کو یوں خراجِ تحسین پیش کیا ہے۔

زبس کز مرکز اہلِ بصیرت منبع جو ات

بجائے سرمہ در دیدہ کشم خاک بداؤں را

میرے والد کی تعلیم بدایوں اور بریلی میں ہوئی۔ اپنے عہد کی مروجہ تعلیم تھوڑی بہت عربی، فارسی کے علاوہ انہوں نے صرف میٹرک تک تعلیم پائی لیکن اس زمانے میں میٹرک کی بھی اہمیت ہوتی تھی۔ میرے والد کے ماموں محمد عبد الباسط صدیقی اپنی نوجوانی کے دنوں میں کانگریس پارٹی سے وابستہ رہے۔ کچھ دنوں مولانا محمد علی کی رفاقت بھی انہیں حاصل رہی، وہ ملازمت کی تلاش میں حیدر آباد آئے اور محکمۂ آبکاری میں انہیں

نوکری مل گئی۔ کچھ عرصے کے بعد وہ میرے والد کو بھی حیدرآباد لے آئے اور محکمہ محاسبی میں انہیں ملازمت مل گئی۔ میرے والد کے ماموں (میں انہیں "دادا" کہتا تھا) لا ولد تھے انہوں نے میرے والد کی اپنے بیٹے کے مانند ہی پرورش کی۔

بدایوں میں میرے والد کو جو علمی ادبی فضا میسر تھی۔ وہ حیدرآباد میں بھی میسر آئی۔ میرے والد کے پھوپھا حضرت عبد الجامع جامی بدایونی (تلمیذ احسن مارہروی، جانشینِ حضرت داغؔ دہلوی) کا شمار بدایوں کے نامی گرامی شعرا میں ہوتا تھا۔ ان کے خاص شاگردوں میں اختر غزنوی، رونق بدایونی، جوش بدایونی، جوہر بدایونی، منور بدایونی اور دلاور فگار کے نام قابلِ ذکر ہیں۔ میرے والد شاعر نہیں تھے لیکن انہیں اساتذہ کے بے شمار اشعار یاد تھے۔ بدایوں میں انہوں نے اپنے پھوپھا کے گھر محفلوں میں صفی لکھنوی، نوح ناروی، جگر مرادآبادی، دلیر مارہروی، ثاقب لکھنوی، محشر لکھنوی، اسعد شاہجہاں پوری، دل شاہجہاں پوری، سید آلِ رضا لکھنوی اور بہزاد لکھنوی کو دیکھا ہوگا۔ ان اکابرین کا ذکر مولانا جامی بدایونی کے مجموعہ، نعت "زادِ آخرت" میں ان کے دوستوں اور شاگردوں کے تحریر کردہ کئی مضامین میں ملتا ہے۔

میں نے تیسری جماعت بدایوں میں پاس کی اور چوتھی جماعت سے ایم۔ ایس۔ سی تک ساری تعلیم حیدرآباد میں حاصل کی۔

جعفر: اب میں جو بات پوچھنا چاہوں گا اور جو آج کے ادبی اور سماجی منظر نامے کو نظر میں رکھتے ہوئے انتہائی اہم ہے۔ وہ یہ کہ شعر و ادب کی حرمت میں بتدریج کمی، شدید لسانی اور نظریاتی اختلافات اور گروہ بندی کے اس دور میں آپ بہ حیثیت شاعر یا ادیب اپنی ادبی حیثیت کو بڑی حد تک پسندیدہ اور غیر نزاعی بنائے رکھنے میں کیوں کر کامیاب ہوسکے؟

مصحف: پتہ نہیں آپ کی میرے بارے میں جو مخلصانہ رائے ہے وہی دوسروں کی بھی ہے یا نہیں۔ بہر حال خدا کا شکر ہے کہ میں خود اپنی ذات اور اپنے کاروبار شعر و سخن کے تعلق سے کسی تشویش کا شکار نہیں اور میرا ایقان ہے کہ اگر آپ مخلصانہ مزاج رکھتے ہوں اور نہ صرف اپنے تئیں بلکہ بہ حیثیت ادیب ادب کے تئیں بھی پوری طرح دیانت دار رہ سکیں تو دشوار گذار راہیں بھی آپ کے لیے ہموار ہو جائیں گی۔ میں ہر اچھے ادیب اور دانشور کو قدر کی نگاہوں سے دیکھتا ہوں اور بے جا ادبی یا غیر ادبی مباحث سے فاصلہ رکھنے کی کوشش کرتا ہوں۔

جعفر: اب ایک آخری بات جو میں آپ سے جاننا چاہوں گا وہ یہ ہے کہ اپنے شعر و ادب کے انفرادی تصور اور شاعری کے عصری منظر نامے کے درمیان آپ بہ حیثیت شاعر اپنے آپ کو کہاں اور کس طرح place کرنا چاہیں گے؟

مصحف: اس سوال کے جواب میں، مَیں چاہوں گا کہ آپ میرے تازہ شعری مجموعے "دور کنارا" کے پیش لفظ کا آخری حصہ پڑھ لیں تو شاید اس سلسلے میں میرے خیالات کسی قدر واضح ہو سکیں۔

دیکھیے! شاعر بھی ایک عام آدمی، ایک عادی مجرم کی طرح ہے لیکن تھوڑے سے فرق کے ساتھ اور وہ یہ کہ اسے اپنے جرائم کا احساس ہے۔ وہ جرم تو کرتا ہے، مجرم ہے لیکن پھر اُچک کر جج کی کرسی پر بھی جا بیٹھتا ہے اور اپنے آپ کو مسلسل سزائیں سناتا رہتا ہے۔ جب وہ انسانی قدروں، اپنے آدرشوں، اپنے خوابوں کو ٹوٹے بکھرتے دیکھتا ہے تو اعلانِ جنگ کر دیتا ہے۔ خود اپنے خلاف بلکہ اس معاشرے کے خلاف بھی جس کا وہ حصہ ہے۔ اختر الایمان نے اپنے مجموعۂ کلام "نیا آہنگ" (۱۹۷۷ء) کے پیش لفظ کی ابتدائی

سطور میں لکھا ہے کہ "معاشرہ اور شاعر ایک دوسرے کی ضد ہیں۔ یہی معاندانہ رویہ شعری تخلیقات کی بنیاد ہے۔ یہ معاندانہ رویہ کب شروع ہوا یہ تو نہیں کہا جا سکتا۔ کیوں شروع ہوا اس بارے میں ضرور قیاس آرائی کی جاسکتی ہے"۔

یہ قیاس آرائیاں آج بھی جاری ہیں۔ یہ سارا منظر نامہ جو علوم، معاشرے اور تہذیب کی ترقی کے متوازی تاریخِ انسانی کا حصہ رہا ہے، میں بھی اسی "کُل" کا "جز" اور اسی خط کا ایک نقطہ ہوں۔ پھر میرا اپنا محلِ وقوع میری locale ہے، میری داخلی کیفیات ہیں، جنہوں نے مجھے جکڑ رکھا ہے۔ دنیا کو دیکھنے اور سمجھنے کا میرا الگ اپنا انداز ہے۔ شاعری کی زبان انسانی حالات اور ماحول میں تبدیلی اور تغیر سے لا تعلق نہیں رہ سکتی۔ پرانے رموز تلمیحات اور اشارات و کنایات گزرتے ہوئے وقت کے ساتھ بوڑھے ہو جاتے ہیں اور اپنی معنویت کھونے لگتے ہیں۔ کبھی یہ آواگون کے فلسفے کے زیر اثر نیا جنم بھی لے لیتے ہیں۔ اس کے علاوہ یہ کہ زماں و مکاں کی ایک بری چھتری کے نیچے ہمارے کچے اینٹوں کے مکانوں کے دروازے، روشن دان، کھڑکیاں اور ان پر لٹکے ہوئے پردے الگ الگ ساخت اور الگ الگ رنگوں کے ہیں تو جب ہمارے تجربات اور ہمارے responses مختلف ہیں تو اظہار کے پیرائے بھی جدا ہونے چاہئیں۔ لیکن عمومی طور پر اچھی شاعری چاہے وہ کسی عہد کی پروردہ ہو، حقیقت کو واہمہ (fantasy) اور واہمے کو حقیقت میں بدلنے کا وصف رکھتی ہے اور یوں نامانوس کو مانوس کو نامانوس میں بدل دیتی ہے۔

میں نہیں جانتا کہ میں نے جو باتیں کہی ہیں خود میری شاعری پر ان کا کہاں تک اطلاق ہوتا ہے۔ میری شاعری میں میرے عہد کی اور میرے اندر جو کائنات ہے، جو حشر بپا ہے اس کی عکاسی کہاں تک ہو سکی ہے اور وقت میرے حق میں کیا فیصلہ کرے گا؟ میں

یہ بھی نہیں جانتا کہ میرے ذہن و دل، خواب و حقیقت ، خارج و باطن اور چند پیادہ سانسوں کی وقت کے اس عظیم لشکر سے جنگ میں میرا کیا حال ہوا؟۔۔۔

"کچھ ہوش جو آیا تو گریباں نہیں دیکھا۔"

* * *

دھیمے لب ولہجہ میں نسائی احساسات کی ترجمانی کرتی شاعری

گلّۂ صفورہ

مصنفہ : شفیق فاطمہ شعریٰ

بین الاقوامی ایڈیشن منظر عام پر آچکا ہے

ماہنامہ 'سب رس' حیدرآباد کے خصوصی شمارہ 'ڈاکٹر زور نمبر' سے ماخوذ

ڈاکٹر زور: ادیب دانشور اور مفکر

مرتبہ : ادارۂ ادبیاتِ اردو

بین الاقوامی ایڈیشن منظر عام پر آچکا ہے

دنیائے اردو تحقیق و تنقید کا روشن مینار

سلیمان اطہر جاوید: فن اور شخصیت

مصنف : ڈاکٹر امجد علی بیگ

بین الاقوامی ایڈیشن منظر عام پر آچکا ہے